01 Gender: Female
02 Admiring The Unmuted
03 Pain!
04 When Forests Talk

若水文庫

她说，说她
Her voice, her story

随机图书馆 02　ADMIRING THE UNMUTED　STOCHASTIC VOLATILITY　随机波动 著

赞美不沉默

NEWSTAR PRESS
新星出版社

图书在版编目（CIP）数据

赞美不沉默/随机波动著. -- 北京：新星出版社，
2025.4. -- （随机图书馆）. -- ISBN 978-7-5133-5963-4

Ⅰ. K825.41

中国国家版本馆 CIP 数据核字第 202538WY37 号

赞美不沉默
随机波动 著

责任编辑	白华召
责任校对	刘 义
责任印制	李珊珊
装帧设计	董茹嘉

出 版 人	马汝军
出版发行	新星出版社
	（北京市西城区车公庄大街丙 3 号楼 8001　100044）
网　　址	www.newstarpress.com
法律顾问	北京市岳成律师事务所
印　　刷	北京汇瑞嘉合文化发展有限公司
开　　本	880mm×1230mm　1/32
印　　张	9.5
字　　数	171 千字
版　　次	2025 年 4 月第 1 版　2025 年 4 月第 1 次印刷
书　　号	ISBN 978-7-5133-5963-4
定　　价	62.00 元

版权专有，侵权必究。如有印装错误，请与出版社联系。
总机：010-88310888　　传真：010-65270449　　销售中心：010-88310811

总　序

　　这是一篇序言，虽然看起来不像一篇序言。这是这套书的最后一篇稿件，一直写到下印之前，编辑催了又催。按理说有很多方式写这篇序言，比如自我介绍、内容梗概，比如请书中涉及的著名的嘉宾老师写一篇推荐。但截至2025年的春天，我们心中的疑问，仍比答案更多。于是我们选择用一贯的方式，也是这本书中所有文本的体例，尝试完成这篇序言，那就是，对话。我们三个向彼此提问，以完成这本书中的最后一篇对话。

冷建国：面对一位没有听过随机波动播客的读者，你会如何为Ta介绍这套书呢？

　　张之琪：我会说这是一套谈话集，是过去的六年里，三位女性媒体人和不同的话题参与者在90分钟的时间里发生的对话。这些对话的缘起，可能是当时某个受到关注的新闻事件，也可能是一本刚刚出版的新书、一部即将上映的新片，在几年之后，它们被重新编辑和归

i

类,集结成书。

冷建国: 这是三个女的从近几年的所读、所见、所想和很多很多的微信群聊里衍生出的一些对话。很幸运的是,她们以各种方式结识了各个领域形形色色的嘉宾,与他们聊天并成为长久的师友。很幸运的是,她们一直在一起工作,一起成长。随机波动对她们来说,既是一部不断丰富和流动的作品,也是一角花园,是一片阵地,是一方宇宙。

傅适野: 这是一份档案,它原初的形式是声音,后来几经周折,被转为文字,印在纸上,并最终抵达你的手中。它凝聚了许多人的劳动:写下这篇序言的三位女性媒体人的,很多学者、作家、艺术家和行动者的,还有为这套书的出版忙前忙后的编辑们的。这也像一个纸上遗迹,其中涉及的很多事件、话题或人物,早已面目模糊,不见踪迹。但只要有人经过它,或短暂或长久地凝视它,其中的议题和观念,情感和心绪,就不会被彻底遗忘。

傅适野: 当我们以周为单位做节目时,时间是线性流淌的,我们的节目也是以顺序的时间线组织和发展的。当它们变成文字,以主题的形式被重新组织起来,时间顺序被打乱,纸面上的时间不再是线性的,而是跳跃的、回环的。但在非线性中我们又能明确地感受到,在某个时间点,很多事情永远地改变了。这是一种十分神奇的阅读体验,既模糊又确凿,你们如何看待这种重新编排的"时间性"?

冷建国：时间的因素，在某种程度上正是这套书的一个真正的源头。在从前那个时间，为什么会有这样一次聊天？当时发生了什么？后来呢？在现在这个时间，那次聊天为什么再次被翻出来，甚至转为铅字？那些追索、诘问和期待为什么依然成立——甚至因为时间远去而显得更为迫切、更为重要或永恒？

将六年前的节目与六个月前的节目并置一处时，生活与创作的耐心和韧性也浮现出来。那些我们关心的事情，不是一次聊天、几篇文章便能改变或实现的，于是我们日复一日地工作下去，知道有些底线坚若磐石，也看到那些水流波动不息。

时代的水温变化或许并不精确，但开口说话时是哪个词语令人感到一股危险的灼痛，是每个时代不同水温之下创作者的宝贵经验之一。如果我们能将这水温绘成线条，这条曲线也是关于时间性的一本说明书。

关于时间性我最后想说，三十几岁的我们做随机波动六年，占生命长度的五分之一；如果做到五十岁，彼时一同创作的时间就接近于我们生命的一半。我们所共同经历的时间，也如同做这套书一样，已经重新"编排"了我们自己。

张之琪：在这套非虚构的谈话录中，这种"编辑"或者"编排"也是一种"虚构"。最近读到卢卡奇在《小说理论》中的一段话，他是这样说的："只有在小说里，恒常的真实和幻变的时序才彼此分离。

我们几乎可以说，小说的整个内在动作不过是抵抗时间威力的一场斗争……从这抗争中产生了真正的史诗对时间的体验：希望和记忆。"即便不写小说，我们也在用某种类似"虚构"的方式经验时间并与之斗争，我们记日记、拍照片、与人交谈，将过往创造为记忆，也为未来赋予希望。想到我们过去几年一直在做这样一件事，还是会感到开心和安慰。

傅适野： 这些谈话从声波变为文字，仿佛从一条时间之河中取水，将其凝结成冰。水是持续流动的、蜿蜒向前的、不曾停歇的。冰是停滞静止的，是一个切片、一个截面，也可以是一座纪念碑，凝聚多重时间与空间。这些即将要出版的书稿，仿佛将冰重新投入水中。它将再度汇入时间之流，在广阔的时间和空间中流向远方，汇入大海。水凝成冰，冰化成水，看似是徒劳，但重要的是不曾间断的行动。很庆幸我们一直在这样做。

张之琪： 谈话中有很多即兴的反应、一些"闲笔"或者随意的延展是自然发生的，但落到文字处，有时候又让人觉得不够严谨，也不指向任何东西，你们怎么看这种媒介的差异？

张之琪： 这是我在编辑自己的部分时很强烈的感受。一方面，对话是在线性的时间里发生的，这意味着，当我们说出某句话的时候，无法预测它将激起其他对话者怎样的反应：是会开启一个新的话题、一段新的讨论；还是作为一个插曲、一句闲谈出现，没有改变对话的方向——对于处在当下那个时刻的我们来说，一切都是未知的。另一方面，对话是一种互动，它不受参与对话的特定一方的控制，不论你是掌握着提问权力的"主持人"，还是掌握着话题权威的"专家"，对话是所有参与者用逻辑和感受去碰撞的结果。

在对话中，我们与人建立关系，这种关系，不限于提问者和回答者的关系，而是更复杂的人与人的关系。我们从第一次见面的陌生人，到交谈中慢慢熟悉、彼此亲近，这体现在对话中，可能是从严谨的一问一答，到更多的跑题和插话，更多玩笑，或是眼泪。这种关系的微妙变化，很难被一篇Q&A形式的文稿呈现出来。在音频里，人的语调、语气、语速的变化，都直接提示着关系的变化；而在文字中，它需要被叙述出来，这种叙述背后，是叙事者的视角和感受，它不免是单向的，同时携带着强烈的"作者性"。

声音是"物理"的，声波留下痕迹，这痕迹很难被轻易抹除。当你在剪辑软件里按下cut键，某个人的声音会被割断，Ta的呼吸、情绪也随之断裂，那个裂缝永远存在，是对话发生过的物理证据。相比之下，文字则要易于编辑得多，写作就是删删改改的过程，今天写完，明天推翻，后天再重写，是再正常不过的事情。这种修改甚至可以说是没有尽头的，定稿了，出版了，依然有机会再改。文字特别体现作者的主体性，Ta的思想和意志，而在做音频节目的几年里，我常感到，每次录音都是一次冒险。

冷建国： 声音与文字在媒介形式上存在着巨大差异。从前顺着往后听的东西，现在可以反反复复来来回回地读了，还能画线做标、挑错别字。声音像一条河，我们常常仰面漂浮其上，顺流而下。文字则好像一座博物馆，每一段都有它理应占据的空间，每一个标点都有它合理存在的位置，疏密和明暗均有其作用。"闲笔"和"闲话"，正显现于我们用水流建造一座博物馆的过程中，它们或许是一些最自然也最戏剧性的东西。

先不说闲笔的内容，单单是"闲笔"这个词，就很让人喜欢。对于从小要在考试中概括中心思想的一代人来说，闲笔是旁逸斜出，是离经叛道，是从上学的路上跑开一会儿，去闻春花，去看蝴蝶。

金圣叹说"向闲处设色"，小说中的闲笔往往是颇为高明的处理手法，既要形散神不散，又要体现人物意趣或场景细节。如果读者朋友在阅读本书的过程中看到一些逸出的部分，拜托请理解为"闲笔"，而不是"跑题"喔。

傅适野：建国之所以这样提醒大家，是因为她往往贡献了书中最为精彩的"闲笔"。我最喜欢的一处是建国问王德威教授的眼镜度数，以及如果于魁智出书会不会为他写序。这些节目中看似旁逸斜出的部分，这些在一个更主流标准中或许应该被删除的部分，正是我们希望守护和保留的。我想这就是"闲笔"最大的意义，它让人会心一笑，给人以喘息的空间，也让对话变得轻松、变得流动起来。

如果即将出版的是一套学术访谈录，那么这处"闲笔"可能会被建议删改，因为它不够正经、显得戏谑，甚至不太符合一位学者的威严。但即将出版的是一套"我们的"书，而这样的"闲笔"，在音频中随处可见，我们也尽可能在转化为文字的过程中将其保留下来。这是我们共同的决定。

我喜欢这样的闲笔，它是一种对话的态度，更是一种生活的态度。我们在交谈中、在玩笑中、在插科打诨中、在眼泪与大笑的交织中，一起工作了六年，也共同经历了巨变的六年。这六年间的变化太多、太快，以至于严肃本身都开始变得荒谬。我时常想，如果不是节目中旁逸斜出的部分，如果不是日常中那些看似无用的部分，如果不是那些调侃、玩笑和自嘲，那些人与人关系中随机碰撞和偶然生发的部分，我们该如何继续工作和生活下去？

感谢"闲笔"，它是浮出水面大口呼吸的时刻，也是在山林间大笑大叫的时刻。是它教会我，要想长久地创作下去、表达下去，请先保护好自己，不论是身体还是心理。

目 录

就以今日做现实支点,和黄心村共读张爱玲 / 1

汪民安:本雅明是我们的同代人 / 29

巫鸿:美术史不应关乎修养,本质在于对眼睛的训练 / 49

再次与巫鸿聊天:历史的人称是"它",记忆的人称是"我" / 79

陈丹青:人是唯一有时间性的动物,永远好奇我们曾经是怎样的 / 99

王德威:把故事的前因和未来都讲下去,这是公民的责任 / 121

与孙歌对话:从反思中来,向自由处去 / 153

罗新:故事是江河,历史是海洋,人又是什么? / 189

知识分子、"六八"遗产与"小粉红":历史如何终结? / 211

学院、学术与公众表达:知识的民主意味着什么? / 241

Make Love,Not War / 257

参考文献 / 273

索引 / 279

嘉宾：黄心村

香港大学文学院比较文学系教授

2017年，黄心村离开工作了十几年的北美学界，来到香港大学文学院任教。2020年，新冠病毒的全球大流行将她封锁在香港，无处可去，埋首于港大校园的她，机缘巧合之下再一次与她博士论文的书写对象相遇，这个人就是张爱玲。

张爱玲在1939年的夏天来到港大文学院读书，从她住的后山宝珊道上的圣母堂女生宿舍，到上课的本部大楼，要走过一条蜿蜒的山路，黄心村的新书《缘起香港：张爱玲的异乡和世界》（下文简称《缘起香港》）便从这条山路写起。她沿着这条路走了一个来回，推测十八九岁的张爱玲的步速，体会她初到香港时"一片空白，十分轻快"的心情——黄心村就是这样回到张爱玲研究的：以一种空间的、身体的、情感的方式。

正如这条蜿蜒迂回的山路，在这本书中，黄心村试图打破文学史的线性叙述，在一个世界文学的视野里去审视张爱玲，重估她的文学和人生。黄心村坦陈，这样抛弃了既成学术框架的写作，让她感到"惴惴"，同时也是一种欣喜的出走，正如她从历史的碎片中打捞出来的那些人物一样，她也成了一个出走的人，正因为出走，才在现世与隔世的交叠、时间和空间的缝隙中，再次发现了张爱玲和她作品背后的草蛇灰线。

在本次对谈中，我们从张爱玲的青年时代、求学故事，一直聊到她的晚年境遇、晚期写作，跟随黄老师的研究，一起重新认识了一个港大的张爱玲、香港的张爱玲，同时也是世界文学中的张爱玲。

01╱没有归属、超越历史的张爱玲

张之琪：黄老师可以先跟我们简单介绍一下这本《缘起香港》的写作背景。

黄心村：我想在这本书里说明的一点是，如果张爱玲在1939年到1941年没来香港的话，她就绝不会是我们今天看到的张爱玲，就我个人而言，如果我没在五年前离开北美学界，来香港大学任职，也不可能写作这本书，所以"缘起香港"这个书名有两层含义。

张之琪：您在之前的一个采访里也提到，过去我们常说张爱玲是上海的张爱玲，写了这本书之后，您觉得张爱玲其实是香港的张爱玲。

黄心村：对，我其实想说的是，张爱玲的归属性不是一个特别重要的问题。我博士论文就是写的张爱玲，很多年前研究她的时候我只把她看作"上海的张爱玲"。来到香港以后，身处张爱玲曾就读的香港大学，尤其是我在这两年多写书的过程中看到了很多资料，对于她跟香港的渊源感触特别深。虽然距离她那个时候已经过去了八十年，但走在香港大学的校园里,你还是能感到这是张爱玲的香港大学。

张之琪: 黄老师在这本书的前四章里梳理了张爱玲跟香港大学的一些渊源,包括考证了她当时住在哪里,看过什么书,尤其是她受过哪些港大的老师以及在香港的作家的影响。您考证了三个重要人物:一个是佛朗士,她的历史老师;还有许地山,她的中文老师;以及一位当时在香港的英国女作家,叫斯黛拉·本森(Stella Benson)。

佛朗士是一名同情中国革命的英国人,许地山是一名从文学革命和革命文学中出走、之后落脚香港的作家和学者,本森是一名殖民官员的妻子,但她对整个英国的海外殖民体系有很多批评意见,所以他们三个某种程度上来说都有一种 in-betweenness,都是在夹缝中的人。而其实这种 in-betweenness 也体现在张爱玲和香港这座城市身上。您是怎么看这种 in-betweenness 的?

您在书中写到,本森后来完全被遗落于文学史中,后人对于许地山的发掘和研究也是不充分的,这是否与他们自身及其作品难以归类,难以纳入主流框架的特质有关?您在打捞这些难以归类的人与作品时,困难和惊喜分别在什么地方?

黄心村: 这几个问题问得特别好。你说的 in-betweenness 非常完美地形容了他们蹊跷的境地——我在书里用的是"桥梁",我说他们是"桥梁一样的人物"。佛朗士和许地山是香港大学的同事,也是非常好的朋友,把他们放在一起讲没有问题,但是他们两个又要跟本森放在一起,这个因缘是怎么来的?其中的连接就是张爱玲,如果没有张爱玲，就绝对不可能把这三个人物放在同一个时空里来描绘。

我认为他们都是"出走的人物"，某种程度上也包括张爱玲，他们每一个人都在出走，然后才在一个特殊的历史关头相遇于香港。佛朗士和许地山是张爱玲的老师，他们是在课堂上相遇的，而张爱玲跟本森的相遇则完全在文本层面上，是在文字里的相遇。

佛朗士生于香港又死于香港，他其实是个Hongkonger。他不仅同情中国革命，也同情俄国革命。第二年暑假他要回英国，中间他走了一条很长的路：先坐火车一直到中俄边界，然后跨越西伯利亚到圣彼得堡，再坐船回到英国，因为他对俄国革命也充满了好奇和幻想，所以他是一个有世界主义风貌的英国绅士。

至于许地山，我们从小就知道他的《落花生》，我也是做了这个课题之后才知道除了《空山灵雨》和《缀网劳蛛》之外，作为学者的他原来有这样丰富的层面。许地山不仅是从文学革命和革命文学中出走，也是从华语叙述的环境里出走，走到英美学术的环境里，然后又进入印度文化，研究起梵文。他的in-betweenness不仅是介于中西之间，还要加上一个印度，所以他的自我定位非常多层面、非常复杂。

本森的出走就更有意思了。她的出走是物理意义上最远的。从美洲大陆出发，跨越太平洋，经过日本、菲律宾，到达中国香港，然后又从香港北上，去了四川和北平。结婚以后，又随着丈夫到了印度支那。她走得非常远，出走的意义也是多层面的。

至于你问的困难和惊喜，惊喜是很容易讲的，我居然能把这四个人放在同一个层面上来描绘，并且居然能把它说通，这是最大的惊喜；困难在于这种写法没有一个既成的学术体系作为支撑。在新文学的传统里写许地山是非常安全的，从英国历史的角度写佛朗士也非常安全，但同时也就没有了惊喜。因为没有既定的学术体系，所以会有一点惴惴的感觉，但那种感觉也很好。

张之琪： 您在之前的采访里也提到，写这本书是因为"被张爱玲打中了"，对于学者来说研究选择是不是有两种，一种是理性规划的结果，另一种是"被打中"？

黄心村： 我觉得两个都有。我选择张爱玲作为博士论文题目是非常理性的选择，因为我的老师是研究20世纪30年代上海的李欧梵先生，他写过《上海摩登：一种新都市文化在中国（1930—1945）》。那个时候我们就在讨论我的博士论文写什么，他说我写30年代你就写40年代吧。那40年代最耀眼的文学明星是谁呢？除了张爱玲还是张爱玲。

但这几年回到张爱玲并不在我的规划中，而跟疫情有关。2020年哪里都去不了，只能待在香港，待在校园里，我就想挖一挖校园里的资料，居然挖出了这样一个题目，而且是非做不可的题目，好像这个题目没有别人要做，只能我来做。我觉得这也是命运的安排。

张之琪： 黄老师前面也提到"世界主义"这个词，在书里的前几章，您不断地回到"世界主义"这个概念，我在读的时候也会疑惑，这个词究竟是什么意思？在书中这个词是以一种比较正面的色彩出现的，但同时我们又知道它是殖民体系、帝国秩序下的一种话语，您怎么理解这个词？

黄心村：佛朗士、许地山、斯黛拉·本森还有张爱玲，他们几个都是在帝国边缘行走的人，他们都不附属于任何体系，但又跟各种体系有或多或少的关联，他们每个人的世界主义表现是不一样的。

佛朗士的世界主义表现在他从之前的史学训练里面出走，他没有继续做英国古代史的研究，而要研究中英关系史，要进入一个更大的世界的框架里，用一种全新的眼光来审视自己的学问。许地山从新文学中出走，走上学术道路，他给自己的定位就是一个国际学者——他不是一个专门研究中国古代的学者，也不是一个专门研究梵文的学者，他研究的是它们之间的关联，所以他的世界主义体现在学术体系的开放和文化视野的多元上。本森的世界主义跟她自己的亲身经历有特别的关系，她打心眼里对殖民体系下森严的等级制度和男女之间的严重不平等感到厌恶，所以她的世界主义其实是一种对现实的批判。而张爱玲的世界主义则体现在她是一个世界文学中的作家。

张之琪：您在书里对比了本森和张爱玲笔下的香港，您说本森笔下的香港有一种殖民的鬼影憧憧和现代性的鬼影憧憧，包括您对张爱玲1946年的《传奇（增订本）》封面的分析——在一个饭后家常的前现代温馨场景里，背后忽然出现了一个现代人的鬼魂，这是不是一种所谓uncanny？原本亲切的事物，忽然因为哪里出现了一点扭曲或者形变（twist），让它变得非常陌生和可怕。比如在对许鞍华版《第一炉香》的批评中，也有很多人提到，她没有拍出张爱玲《第一炉香》的"鬼气"，这种"鬼气"似乎又很难拿捏，它并不是一种奇观化的怪诞和恐怖。

黄心村：我觉得许鞍华没有办法拍"鬼气"，首先因为她是一个现实感非常强的电影导演，这不是她的路子，其次张爱玲的"鬼气"是拍不出来的，它不是徐克监制的《倩女幽魂》中的那种鬼气，也不是关锦鹏《胭脂扣》里如花在石塘咀的那种鬼气，而是半山殖民文化的那种森森的鬼气，这个东西是拍不出来的。

你说的 uncanny 中文没有一个很好的翻译，《传奇（增订本）》的封面绝对是 uncanny，它不是旧时代影像里的鬼气森森，而是现代的、存活在我们中间的那种鬼影。张爱玲的时装也是一种 uncanny，好好的一件裙子，愣是给她穿出了一种不伦不类的感觉，这绝对是一种独属于张爱玲的现代性表现。

张之琪：我发现您在书中的很多地方都触及了张爱玲和现代性之间的关系。比如在谈到《红楼梦魇》的一章中，您就写到张爱玲有一种对阈限（liminality）的迷恋，然后由此延伸出对于张爱玲历史观的探讨。您写道，"张爱玲的叙述拒绝任何深层的结构或宏大的意义，历史不再被表现为一个不断发展进步的直线过程，正相反，它被打破为无数的碎片，人们可以将它们重新组织起来，并赋予全新的意义。在这重组的时空中现世与隔世交叉重叠，而主体通常被一种深切的不确定性所浸透,这是张爱玲描绘的历史观"[①]。

我在看这段的时候想到了本雅明。这种历史观某种程度上是一种对现代性的反思,是站在历史的废墟和碎片上进行重述,我们可不可以说,在这个意义上,张爱玲是一个迈出了现代性框架的作家,她比她同代的作家走得更远一点?

黄心村: 张爱玲欣赏《红楼梦》就是因为《红楼梦》超越了它的时代,甚至超越了我们现在的时代。所以张爱玲根本没有把《红楼梦》看成是一部18世纪末的作品,对她来说,《红楼梦》就是发生在当下的一个鲜活的文本。她确实是打碎了我们所习惯的那种线性的历史阐述,因此研究张爱玲,也不可能把她放到一个线性的文学史观里面去看待。

[①] 黄心村:《缘起香港:张爱玲的异乡和世界》,香港中文大学出版社2022年版,第303页。

02／用虚构讲述伤痛，以文字寻求疗愈

张之琪：在谈到《异乡记》的一段，您提到，张爱玲曾写过一个关于多次重复打开的小布包的比喻，这个比喻也适用于她的写作，她不断地自我重复、反复转写、重叠叙述，就是这些小布包一次又一次的展开。这个比喻让我想到略萨讲的"中国套盒"，但又与"中国套盒"不同。"中国套盒"更像是一个空间概念，一种结构主义的感觉，而"重复打开的小布包"似乎更像是一个时间概念，是在时间中完成的一种反刍和修补。您怎么看这个问题？

黄心村：小布包那段出现在《异乡记》中，《异乡记》是张爱玲1946年初去温州找胡兰成沿途写的旅行笔记。在写作的过程中她把它小说化、虚构化了，她写的不仅是游记，还是一个带有虚构性的叙述。她在描写周围发生的事情的时候，之所以突然加入女佣小布包这段，我觉得她是在虚构过程中当即想到了自己的叙述结构。小布包像是一个个胶囊（capsules），随时可以打开，写完以后再收起来、完整地包好，而且这些胶囊是便携的（portable），可以带着走的，我觉

得它更像是一种写作的基因库,跟略萨说的"中国套盒"是不一样的东西。

张之琪:是不是其实她在写作的过程中,就已经在反思自己是怎么写的,然后把这个反思的过程也写了出来?

黄心村:对,它是一种对写作的充分反思。你看她思考得非常快。在这样一个艰难的、充满了伤痛的旅程中,她写下了这些笔记,然后立刻进行反思,进行更深一层的思考,太厉害了。

张之琪:您之前在采访里有讲过,您在构思一篇关于张爱玲笔下伤痛的文章,您认为如果没有一个虚构的框架,张爱玲很难真正谈及伤痛,比如她在跟宋淇夫妇的通信中谈到赖雅去世或者其他非常痛心的经历的时候,都只会用一些轻描淡写的表述,比如"最近有点低气压"。是否可以说,张爱玲很难用现实的笔触去谈论伤痛?

黄心村:生死、爱欲、伤痛,这些都是文学的永恒主题,张爱玲把每一样都写得很透。而且她的伤痛叙述是在虚构的框架里来写的。没有写完的《异乡记》是其中最经典的文本,它其实是一个残篇,一个三万多字的笔记,看上去像是最后会整理成一个完整的叙述,但你读的时候,一点也不觉得它是残缺的,而且在之后的很多长篇叙述里,她已经把《异乡记》完成了,甚至是一次又一次地完成了。我觉得这里面最厉害的就是伤痛叙述,而且这是她即刻就写出来的,当时发生,然后为了在虚构的框架里装进那些伤痛即刻进行虚构化。

张之琪:这几年很多人都在经历一个伤痛的过程,可能是失去了亲人，也可能是送别了朋友，我们也正在经历或者即将经历一个大的离散的过程，很多人都认为这其实也是一个写作的机会，您觉得我们能不能通过语言去抵达这种伤痛的感受，或者说其实我们每天的伤痛都是全新的，能不能创造一种新的语言去表述这种全新的感受？

黄心村：这是一个非常 personal 的问题，我写这本书的过程其实也是一种自我疗愈的过程。张爱玲是用文字来自我疗愈的，通过文字寻找一种平衡和安宁，她做到了，我们很多人还在寻找，这本书对我来讲是一次尝试。2020 年的时候我感觉我们真的被关在这里了，但"这里"是哪里，我突然有点不明白了。我要感谢我看的那些资料，比如我看了佛朗士的档案资料，然后去了他的墓，感谢他曾经在我此刻在的这个地方，感谢他做了那些事情，留下了这些遗产。我感觉自己是把一个完全被遗忘的人挖了出来，否则这个人就好像没存在过，这个过程对我来讲无比疗愈，我会觉得原来把我关在这里一两年是有原因的，有一个使命（mission）在。包括写许地山的时候我也特别激动。文字背后肯定是有感情在的。

03 / 张爱玲晚期的"生命书写"

张之琪： 您在书中谈到张爱玲的晚期写作，包括写《小团圆》等作品的经过，您说宋淇曾劝阻张爱玲出版《小团圆》，理由是读者可能会误认为这是一本自传，而不是创作。我由此想到了一个问题：是不是女性作家的写作更容易被误认为是自传，哪怕她们写的是虚构作品？一个背后的原因是男性的经验常常被认为是普遍的，即便他写的是自己的经验，似乎人们也容易从里面寻找到一种普遍性；而女性的经验从一开始就被认为是特殊的、私人的，甚至是高度性别化的。所以，男性的作品即便是从个人经验取材，呈现出来依然被认为有普世性，但女性的创作总是被认为只跟她自己有关。

黄心村： 在当年的那种环境里，而且当事人都还在世，《小团圆》没有出版肯定是正确的。等到2009年真正出版，《小团圆》仍然被当成了张爱玲的自传，一时间反响特别强烈，围绕它出现了各种索隐，人们做了好几年的研究，慢慢筛选出一个很长的名单，详列了《小团圆》里各式人物对应着现实生活中的谁，等等等等。所有这些都过去之后,真正的研究才能开始,所以我觉得现在正是研究《小团圆》的时候。

张爱玲在《三详〈红楼梦〉》里说,《红楼梦》不是自传是小说。她写《三详〈红楼梦〉》的时间,正好是《小团圆》初稿完成的时间,也是宋淇写信劝她最好不要出版《小团圆》的时间。她一定想了很久:为什么读者一定要把它当成自传看,而不是小说呢?我觉得张爱玲是很明白的,把《小团圆》放在身后出版,她自然无法控制人们怎么想。无论学者说了多少次这不是自传而是小说,都没用。几年后等所有索隐都做完了,我们现在才真正把它当作小说来看,把它视为张爱玲晚期写作的代表作,甚至是一个集大成的叙述,做出非常仔细认真的考证——考证和索隐是两回事。

张之琪: 能不能展开讲讲两者的差别?您的书中有非常多的考证,但和有点窥私性质的索隐非常不同。

黄心村: 我觉得考证只是开始,不能考证了就到此为止了,某一条的出处在哪里、对应的人物是谁、相关的叙述是什么,这些源头和联系都要找出来。把这些做好以后,我们的文学研究才能算真正开始。区别就在这里。真正以考证为基础的文本分析,和索隐派窥探隐私的那种梳理,完全是两码事。

张之琪: 您说今天读《小团圆》是一个更好的时间,是因为我们离张爱玲已经比较远,离她生前的故事已经有一定距离了,还是说我们在学术上已经完成了考证工作,大家可以以一种不同的眼光来看这部作品了?

黄心村:《小团圆》这类作品一定是需要时间的,我一开始看得非常艰难,最后也是花了很长时间才把它看下来。今天的学术环境和二十年前是不一样的,和十五年前也不一样,我愿意相信我们对女性写作做的所有工作都是有一定作用的,把大家从女性写作必然是自传的这种成见里带出来,进入另一种模式、另一种研究方式、另一种探寻,这些都需要时间。

张之琪:您在书里几次谈到了张爱玲的晚期风格,在之前跟苏枕书的一次对谈里,您甚至说,如果只选一部她的代表作,您现在会选《小团圆》。我前两天看到内地社交媒体上一个被大量转发的视频,是戴锦华老师在某次线下活动上批评张爱玲的晚期写作,她认为张爱玲晚期的语言非常不好。现在学界对她的晚期风格有怎样的分析?跟她早期风格有什么不同?

黄心村:那段视频好像是戴锦华老师前几年的一个活动,应该不是最近的。《浮出历史地表:现代妇女文学研究》那本书对我影响非常大,最早在1989年出版,作者戴锦华和孟悦两位都是我的大师姐,这本书在当年确实是开创性的,它把中国现代女性写作作为一部完整历史表述出来。这本书中张爱玲那章是戴锦华写的,她用了最美好的文学语言来描绘张爱玲的写作,所以一定不是她的语言不好——当然,那一章里分析的都是张爱玲的早期作品。

在网上流传的视频里,戴老师说张爱玲"江郎才尽",我当然是不同意的，我觉得完全不是这样。她到美国以后，用英语写作、试图进入英美文学主流这条路是不通的，非常失败，所以又重新转回中文，但英文写作不成功不代表她江郎才尽。我认为张爱玲的晚期写作是有一个高峰期的，从1967年——她的丈夫赖雅去世，皇冠出版社也给她提供了源源不断的资金支持——开始，这对作为独立作家的她来说是一个非常重要的契机。所以，从1967年一直到70年代末80年代初，是张爱玲晚期写作的一个高峰期，《小团圆》绝对是其中的一部代表作品。如果觉得她的语言不好或者《小团圆》看不进去，那一定是花的功夫还不够。《小团圆》不是一个容易读懂的文本，阅读时必须要非常仔细，它的层次非常丰富，绝对不是对过去叙述的重新反刍。

我在书里把《小团圆》和《红楼梦魇》放在一起，认为这两部都是张爱玲晚期写作的代表作。很多人也说《红楼梦魇》不好看，但我觉得它也是一种现代性的写作，张爱玲是把一个我们普遍认为是18世纪末的文本，完全放在现代架构里——而且是中西比较文学的架构里——重新赋予它当代意义。

在这十几年的时间里，张爱玲还写了两部英语小说，《易经》和《雷峰塔》，还有没写完的《少帅》和几篇长篇的散文，还有《海上花》的翻译，其实是一个非常繁忙的写作者的形象。

晚期张爱玲自己的说法是"炒冷饭"，她说我不介意炒冷饭，这种冷饭我是一定要炒的，所以她不介意写自己早期叙述里已经出现过的主题，但其实每次打开都不一样，这种反复的打开是张爱玲研究中一个非常重要的课题。

张之琪：您之前曾经几次用"生命书写"这个词来形容张爱玲的晚期写作，您觉得什么是"生命书写"？

黄心村："生命书写"肯定和自传是不一样的。"生命书写"里的一些细节是绝对真实的，是绝对来源于生活的，你可以把那个细节对应到她个人生活里发生的事情。《小团圆》是"生命书写"而不是自传，因为把每一个胶囊打开都似曾相识，但作者用的语言和架构又是全新的。直白地说，张爱玲晚期写作最重要的一点就是，她已经完全不在乎别人怎么说她了，我就要按我自己想要的方式来写作。

04 把张爱玲作为方法

张之琪：您提到张爱玲的《红楼梦魇》的文体比较独特，介于散文、文学分析和文字考证之间。我在读《缘起香港》的时候也有类似的感受，它既有文学层面的分析，又有一些历史层面的考证，以及一些非常感性的表述和您个人的经验。您怎么看这本书的语言？

黄心村：如果我的读者能在这本书里看到一种欣喜，我就很满意了，因为我重新用回了母语。中文是我的母语，我这么多年用英文思考、写作和讲课，突然回到母语感到一种欣喜和惊喜，"原来我还能写"。

以前学界文学研究的一贯做法是要先找一个框架，然后把作家和作品放进去。这个框架或者是一个历史的框架，或者是一个纯粹的理论的框架。张爱玲的作品是绝对不能这样研究的。当然，读者应该能看到《缘起香港》的背后还是有很多理论，文本分析背后有理论支持，还有很多考证、原始资料、二手资料，但必须以一种感性的方式切入，用一种感性的方式把自己带到这个课题里，也希望能把读者带到叙述里面来，慢慢地一层一层把它打开。我确实有思考要怎样写，跟以前的写法是两样的。

张之琪：您说张爱玲是一种生命书写，我有时候会觉得，张爱玲也是一种方法，通过文字实现的一种方法。我们怎么去理解自己经历过的事情，怎么去理解自己的生命？很多时候，我们是通过一种书写的方式慢慢理解的。对于张爱玲来说，她书写的对象可能是自己的过往；对于很多学者来说，他们书写的对象是别人或别人的人生、别人的作品，但方式其实是类似的。

黄心村：你说张爱玲是方法，我觉得一点都没有错。张爱玲是途径、是窗口，也是一套方法，会让你去思考，我们之前文学史的线性叙述有没有问题。我们非要从明清进入五四，然后是战争年代、新中国，非要把作家放到这种线性叙述里去吗？我们有没有别的方法来定位作家及其作品呢？我们能否思考一种横向的、比较的框架，不局限于中国文学的范畴，而更多地考虑到世界文学的大的框架，去做一种横向的分析、横向的联系？张爱玲一定是一种方法、一种途径。虽然这是张爱玲研究，但是抵达张爱玲肯定不是我的目的，它只是一条路，我觉得还可以沿着它继续往前走。

张之琪：这是因为作家本身的特殊性，还是我们其实可以在某种程度上把这套方法推广到更普遍的研究上去？

黄心村：我觉得是因为张爱玲很特殊，是一个无法被完整、清晰地定位的作家。

05 / 张爱玲的女性意识

张之琪：您在这本书的最后一章写到了张爱玲作品的影视化改编，有一个观点我觉得很有意思，您说许鞍华的《第一炉香》给姑妈这个角色增加了一段"前史"，"前史"有没有让人物变得更可爱我们不知道，反而让她变得有一点不伦不类，您接下来有一段评论，"网络大数据对梁太太这个角色的大致肯定依然是不可信的，不可信数据背后是被《后宫·甄嬛传》《延禧攻略》《芈月传》等左右了的大众审美倾向"[①]，我觉得这句话特别可爱。

黄心村：被你抓住了！我忍不住写进去的。

张之琪：我在看这部电影的时候，这一段闪回是我最不喜欢的，它给我的感觉是"大红灯笼高高挂式"的，姑妈虽然嫁入了一个所谓封建家庭去做姨太太，但她跟《大红灯笼高高挂》完全不相干，但闪回仿佛把她放回了另外一个语境里，让观众去理解一个被压迫的女性是怎么反过来成为一个压迫者。这个逻辑把整个人物道德化了，而且

---

①黄心村：《缘起香港：张爱玲的异乡和世界》，香港中文大学出版社 2022 年版，第 360 页。

道德化的方式是特别陈旧的。

姑妈和葛薇龙可能是没那么成功的娜拉，可能是堕落了的娜拉，但她们依然是娜拉，跟那些嫁到封建家庭里完全被动接受自己的命运、又被内化成压迫体系的一部分的女性是不一样的。张爱玲原著里其实是有一种女性的自主性、主体性，这是她所谓"女性主义"的部分，但今天的改编反而把这部分抹去了。这一点是我最不能接受的。那个时候如果大家还不能理解这种女性的主体性是因为时代还没有跟上创作者，但今天距离她写这个故事的时代已有八十年的时间，如果今天的创作者依然不能理解这种叙事是为了什么，我觉得太遗憾了。

黄心村：电影叙事里姑妈变成了甄嬛，一开始是纯洁的、对爱情充满了向往，最后走向心狠手辣，宫斗剧有几十集的篇幅把整个前因后果梳理出来，这部电影只用一个闪回，解释为什么人物最后变成这样子，把人物又套回了陈旧的范式里。我完全同意，这是电影的败笔。相比葛薇龙，姑妈这个角色的设置更成问题，虽然所有炮火都是对着马思纯的，好像大家认为俞飞鸿演得好。其实我觉得，姑妈是什么样子，决定了这部作品的底色是什么。她是那个坐镇半山豪宅的女主人，她的出场方式、人物诠释、美学趣味，对电影的定调非常重要。

这一方面我意见很大，但我也是唯一一个说了《第一炉香》好处的人，因为我觉得它的缺点和优点一样明显，不能因为很明显的缺点而把电影说成一无是处。

张之琪： 您之前在采访里讲到，张爱玲不是一个自觉的女性主义者，她没有把自己定位为一个女性主义者，所以我们也不能说她是一个女性主义作家。但是，我们之前在《性的湮灭》里聊到了《色，戒》这部小说及电影改编，我们从中都感受到了一种——你可以不把它讲作女性主义——从女性视角出发的，重新去叙述历史、颠覆宏大叙事的巨大的野心，我觉得这是一种非常勇敢且雄心壮志的尝试。

现在可能才是我们看《色，戒》小说或电影的最好的时候。2007年我看的时候完全没有理解到这个层面，或者说当时的社会环境，包括对于女性处境、女性主义作品的讨论，还没有给我们提供理解这个作品的语境。在今天这些已经成熟了，好像今天我们才能开始理解张爱玲当时在写些什么，而那些东西事实上真的是非常女性主义的。

黄心村： 我觉得张爱玲绝对是女性意识非常强烈的，只是没有办法把任何一种女性主义话语套在她身上，就像我们不能把任何话语套在她身上一样，我觉得她就是一个拒绝被标签化的作家。

这种非常强烈的女性意识从她的小说、散文中都能看到，从她的为人、她的一生也能看到——她坚持要做一个独立的作家，到最后做到了不为钱也不为任何一种意识形态写作。我觉得这种内心深处的坚持，跟她的母亲是有关系的。张爱玲的母亲是一个非常有意思的人物，虽然她们母女的关系非常复杂，但母亲在她生活中的影响非常大。她母亲已经是"出走的娜拉"，而且走得很远。娜拉出走以后怎样？鲁迅给的两个结局她都没有采取，她走的是第三条路，就是走得更远，越走越远,直到去世。张爱玲母亲的生平我们了解得不多,但她母亲是另外一种类型的现代女性,张爱玲作品中对女性命运的体察肯定与她的母亲有关。

张之琪:今天我们好像慢慢地更加清晰地意识到一点:这种拒绝任何意识形态、拒绝为任何人说话的姿态,其实就是一种女性主义的姿态。我们在《性的湮灭》那篇也聊到,女人没有祖国,女人没有国家,张爱玲在《色,戒》里其实就在写这样一个故事。后来我再重新看这部电影,看到最后汤唯饰演的角色走在大街上,知道自己马上就要被捕时,我一直在哭,那一刻她获得了一种自由,一种粉身碎骨的自由,那可能是所有女性一生都没有办法获得的一个时刻,那个时刻是如此短暂,很快就完全灰飞烟灭。

黄心村:这个短暂的时刻在张爱玲小说里是没有的,但镜头把它捕捉到了。放走易先生之后,她走在路上,尽管这段时间是如此短暂,但实际上是一种挣脱。《色,戒》是一部精美绝伦的张爱玲改编电影,相信大多数人都是这样认为的。《色,戒》发表以后,很多人也进行了索隐,说这是张爱玲和胡兰成,又说是郑苹如的故事,实际上都不是。宋以朗先生出来纠正过好几次,说这其实就是他父亲宋淇告诉张爱玲的一个故事,她把它进一步虚构化,写成了一个关于男人和女人的、以战争为背景的故事。如果要在张爱玲小说里找一个讲男性和女性之间的战争的经典文本,《色,戒》绝对是首选。

张爱玲的小说文本里写了很多战争,只是因为篇幅太短、很多地方太隐晦，我们都看不到。李安说，我就是把它当作一部战争片来拍的。太厉害了。麻将桌上的战争，男女之间的性的战争……如果影像和文字可以有一种完美的对照和融合，我觉得《色，戒》就是一个百读不厌的、从文字到影像的超级文本。

张之琪： 您有一次跟许子东老师对谈，聊张爱玲是不是晚景凄凉，您认为她不是晚景凄凉，她已经拥有了一种创作的自由，这对于作家来说是非常难得的状态。我觉得，这里面的问题不在于张爱玲究竟是不是穷困、是不是孤独，而在于我们对于成功和幸福的标准到底是什么。可能对于同一个人的境遇，一些人觉得她过得已经非常好，很自由，能写自己想写的东西，另一些人会觉得，一个女人没有伴侣，孤独终老，物质生活没有那么丰裕，就不是一种很好的晚年。这在今天依然是非常重要的话题——我们究竟如何想象一种美好的生活。不同人的想象是完全不同的。

黄心村： 每个人对什么是幸福、什么是美满的标准不一样，这绝对与性别意识相关，而且根深蒂固。我们文化中有着根深蒂固的性别保守主义，如果你看到的只是张爱玲孤身一人，没有琴瑟和谐、举案齐眉、儿孙满堂，如果认为这样就说明她很凄惨，如果今天我们还用这样的方式来衡量美满、幸福、成功与否的话，我们就都是有问题的。

就张爱玲来讲，她绝对不富裕，但完全没有贫困，她的健康肯定是有问题的，从书信集来看，最后几年她和宋淇夫妇的通信大部分都在互相倾诉身体上的病痛，但对于张爱玲来说，写作自由是比生命更重要的一桩事业，她在美国生活的四十年中，尤其是后期的写作高峰，真的做到了这一点——不为任何东西去写，只为内心去写，所以我不觉得她凄惨。

张之琪：今天跟黄老师的聊天是特别必要的，也是特别当下（relevant）的，我们今天真实地获得了一种重新看待张爱玲的现实支点。我们站在一个什么样的位置来看她，不仅包括黄老师讲的学术上面的发展和突破，也包括现实语境的变化，或许就可以以此为起点去读或重读张爱玲的作品，相信大家会有非常不同的体验，并重新爱上她。

汪民安：本雅明是我们的同代人

嘉宾：汪民安

清华大学人文学院教授

这是随机波动第一次，似乎也是唯一一次，围绕一个学者的生平和思想展开话题。但如果仅有一次机会以这样的方式做节目，那我们应该也会毫不犹豫地选择本雅明。

因为再很难找到一位学者，他的学术思想和人生经历都如此神秘莫测、迷雾重重，他的手稿和肉身，都踪迹难觅、真假难辨。他有意无意留下的诸多谜题，引得后人不断去追寻、拼凑和破译，后人从历史的夹缝中打捞他散落的碎片的过程，又仿佛在实践和验证他的理论预言。

如此，我们与他仿佛在历史中捉迷藏，他在倒数结束后消失得无影无踪，但他的思想却始终驻留，常读常新。他以漫游者的姿态与时间戏耍，始终与我们做同时代人。

01 / 脆弱而敏感的"巨蟹宝宝"

张之琪： 我们这次请汪老师来想聊一个有点学术的话题，但要用一个有点八卦的方式开场。我们见面的时间是7月8日，顺利地进入了巨蟹月，所以我们打算聊一期跟巨蟹座有关的话题，并选择了一位我和适野都非常喜欢的巨蟹座思想家——瓦尔特·本雅明。

傅适野： 我们特意查了一下本雅明的星盘。他出生于1892年7月15日22:30，太阳星座是巨蟹，月亮和上升星座都是白羊。

张之琪： 本雅明本身也是一位占星爱好者，有强烈的神秘主义倾向。

汪民安： 这跟犹太神秘主义有很大的关系，他对这些非常感兴趣，而且受他的好朋友肖勒姆影响很深，他很喜欢犹太神秘主义代表人物罗森茨威格的《救赎之星》。我们现在很难说是因为他对神秘主义的兴趣导致他对现代社会的不满还是因为现代社会的去神秘化导致了他对神秘主义的兴趣。无论如何，他认为现代社会，也就是他所置身的时代，是不断地去神秘化的。所谓"光晕"的消失，就是去神秘化的表现。"光晕"是跟原初巫术和宗教相关的艺术的固有特质,他感叹光晕的消失,很大程度上就是因为现代社会在不断地去神秘化。对他来说,神秘性有非常重要的意义,埋伏着不可穿透的秘密。这个秘密到底是什么并不重要,但秘密本身非常有意思。

张之琪: 本雅明的一生有很多谜题,他的各种经历,尤其是他的死亡,半个多世纪以来被不断地研究和讨论。

人类学家迈克尔·陶西格(Michael Taussig)是一名本雅明研究者,他写过一篇很有名的文章《本雅明之墓》,写的是他在2002年到法国和西班牙边境的小镇包港——也就是本雅明自杀的地方——寻找本雅明墓地的故事。

首先,一个最大的谜题就是包港的这个墓到底是不是本雅明的墓。有些人认为这个墓就是本雅明的墓,其中包括汉娜·阿伦特。她的依据是,本雅明1940年9月26日自杀,他自杀两天后,跟他同行的其他人就从法国穿越边境到了西班牙,他们的目的地是葡萄牙的首都里斯本,当时他们——包括本雅明——已经获得了美国的签证,打算从里斯本去美国,但是他们在法国—西班牙的边境听说佛朗哥政权会把他们遣返回法国……

汪民安: 如果本雅明耐心等待,还是有希望过去的,他自杀后边境马上就放开了。当然也有人说正是因为他的自杀导致了边境的放开。不管怎么说,从现实的可能性上,他是完全可以逃避纳粹屠杀的,但他一直存在自杀倾向,随身携带吗啡,此前他就自杀过几次,都没成功。然而这次他使用吗啡的量非常大,按照他的说法,可以毒死两匹马。所以,他的自杀绝对不单纯是因为边界被封、走不了,实际上,自杀这个想法一直徘徊在他的心头,这次不过是个契机。

张之琪: 本雅明自杀两天之后,他们这个犹太流亡团体中的一员,福豪·古尔兰德,花了57比索在当地租了一个为期五年的墓龛,这在包港当地有记录,人们据此推测这个墓穴就是本雅明的墓穴。但肖勒姆在后来写的关于本雅明的回忆文章里否认了这一点,他认为这个墓穴不是本雅明的,而是一个伪墓。

埋葬他的墓地是一座天主教徒墓园。假设这真的是本雅明墓,那么他是以一个天主教徒的身份下葬的,这意味着他的身份是伪造的,当地记录里他的名字也是伪造的,他的姓和名被倒了过来,写成了本雅明·瓦尔特博士。如果说这个墓是假的,那么它不仅是伪墓,而且是一个以伪名下葬的伪墓。

陶西格在2002年春天到包港寻访本雅明墓地,他在文章里面写道,"我来之前就告诉自己,我不是来朝拜的"。之所以这样说,是因为他已经嗅到了一丝这个地方开始被纪念碑化的倾向,人们对本雅明墓产生了一种崇拜,一种像朝圣一样的情感。他觉得,这说明人们更看重的是本雅明的身后名,而不是他生前的作品或者他的思想。

当时带领这个流亡犹太人团体从法国逃到西班牙的向导是一对夫妻,姓菲特寇(Fittko),其中太太叫丽莎(Lisa Fittko),后来移居到了芝加哥。陶西格通过萨林斯的太太要到了丽莎的联系方式,还去家里拜访了她，两个人聊起了流亡途中本雅明的一些事情。显然，丽莎对本雅明非常不爽，她对本雅明的评价是"适应性非常差"，她认为这是这些流亡知识分子的普遍问题，他们在生存技能和街头智慧（street smart）方面非常差劲。她说了一句有点刻薄的话："I think he could only take a hot cup in his hand when he first developed a proper theory about it."意思是，当他拿起一个装着热茶的杯子之前，他必须要先发明一个合适的理论。她的丈夫也提到，这些知识分子完全没有办法忍受当时比较差的物质条件，也不知道怎样遮风避雨，不知道怎么晾干衣服，也不知道怎么握住一个装满热咖啡的锡碗而不被烫着，时不时还会从长凳上摔下来，摔断一两根骨头。

这些人之前都是有妻子或佣人打理家务的，当他们的经济状况一落千丈之后，他们依然住在酒店里面，在餐厅里吃饭，没有任何生存能力，几乎与家务绝缘，保持着一种非常精英的知识分子的状态。

傅适野：这位向导丽莎后来写了一本书叫《老本雅明的故事》，她回忆道，本雅明在逃亡期间心脏特别不好，他们走十分钟就要休息一分钟，像游客一样欣赏风景。她也注意到，本雅明当时随身携带了一个公文包，但不久之前帮他们指出逃亡路线的巴纽尔斯市市长曾经嘱咐他们，你们要在日出前出发，混在葡萄园的工人当中，不要随身携带任何东西，以及不要说话。丽莎说本雅明显然没有听从市长的意见，他拿了一个特别大、看上去特别重的公文包，丽莎问他要不要我帮你拿，本雅明说，这里有我最新的手稿。

张之琪：本雅明死后，这个公文包莫名其妙地消失了，再也没有找到。据后人推测，公文包里装的可能是《拱廊计划》的成稿，但没有确切的证据。

汪民安：丽莎对本雅明的描述是准确的，但用来形容所有知识分子并不那么准确。本雅明确实比较敏感脆弱，生活能力很差。他的父亲是一个银行家，很长时间他靠父亲和朋友资助维持生活。这点跟阿比·瓦尔堡很像，除了读书写字之外他们都没有太强的生活能力。瓦尔堡的家族对他也大力支持，还给他盖过一个图书馆——瓦尔堡图书馆，非常有名。但本雅明和父亲的关系后来越来越紧张，有点像卡夫卡和他父亲的关系。

他们的生活能力很差，并不意味着所有的知识分子都这样。福柯就很强壮，那个时代还有很多知识分子上过战场，比如维特根斯坦和萨特。相比之下，本雅明确实是个例外。

02/ 作家不过是一个商品生产者

汪民安：本雅明主要靠给电台和报刊撰稿谋生。他是一名独立撰稿人，是比较早的卖文为生的人。因此，本雅明的写作实际上分为两类：一类是我们所说的商业写作，他给电台的撰稿非常清晰好懂，他自己播音，这是用来谋生的；另一类就是所谓学术和思想写作，这类写作是非常难的，能够理解的人很少，他生前没有名气和影响，是因为他的这类著作几乎没什么人能看懂。他申请教授资格的论文，几个评审都说一句也看不懂，包括大名鼎鼎的卢卡奇。

但本雅明也很能花钱，因为他很爱收藏，买各种东西。他花了一千马克买保罗·克利的水彩画《新天使》，那时候一千马克是很大一笔钱。他有大量藏书，各种版本的。他没职业，父亲后来也不怎么资助他，所以他的生活一直非常拮据困窘。对他来说，赚钱一直是他写作的目标之一。本雅明早期写过一篇很有名的文章，题为《作为生产者的作者》。那个时候大家都把作家当成精神的创造者或天才，而本雅明最早提出来，作家是一个生产者、一个商人，他在生产商品。他认为作家不过是一个商品生产者，小说是一个商品：他很早就意识到了这一点。

张之琪：刚才您提到了一个很有意思的点：本雅明其实是一个恋物癖、收藏癖。当他变成一个失业者的时候，还维持着富二代的消费习惯。

傅适野：我写过一篇讲本雅明恋物癖的文章，当时看了《柏林童年》等他的一系列作品，发现他对于物的迷恋从小就开始了。书中提到他家里会收藏各种各样的木质盒子以及长筒袜，甚至我觉得本雅明对待自己的手稿也是出于一种收藏的心态。①

流亡之后，他通过三种方式把手稿分散出去。

第一种就是作为生产商的本雅明将作品发表在大众媒体上，让它们尽可能传播，这样就可以被保留。第二种是借助其他媒介，比如广播，把这些内容录制下来作为一种声音纪念，他还把一本书送给纽约市立博物馆做成了书影，在当时这些都是很先进的技术。最后一种方法是他有意识地把手稿寄给了包括肖勒姆在内的很多朋友，让朋友们帮他保管。去世之后，他的很多作品也都是这样被收集起来的。纵观本雅明的一生，他不断地分散自己的手稿，而分散是为了将它们再度聚集。

汪民安：你说的他处理手稿的方式，非常符合他的理论，这跟他的总体性思想有关。碎片和总体对本雅明而言是非常重要的一对概念。

---

①傅适野：《**本雅明诞辰125周年：童年、恋物癖和流亡**》，界面文化，2017年7月15日。

他有一个历史哲学观点，人类原初是一个整体，而人类历史发展到现代社会，实际上就是一个总体性不断碎片化的过程。所谓现代性进步，无非就是把历史的总体性打碎，变成一个个碎片，变成一堆历史废墟。

在大部分人看到历史进步的光芒的地方，他看到的是一堆废墟越筑越高。他对《新天使》的解读大概就是这样：进步的风暴把天使往前刮来，但是天使却向后看，向回看。本雅明也是一个向后看、向回看的人。他说目标不在前面，而在起源之处。因为起源才是总体的。他推崇总体性。他所做的事情就是还原和缝合碎片，把碎片缝合成为总体性。碎片化是本雅明对现代性的基本判断，他的历史哲学观的核心就是要把碎片重新聚集起来，回到总体性。

对本雅明来说，收藏这种行为就是对整体性的缝合方式，收藏，就是把失去的东西，把碎片化的东西进行整合和还原的过程。他的写作也是这样。他几乎没有康德、黑格尔那种德国哲学家的体系性写作，他尤其不强调逻辑推论。他的写作全部是片段式的，每一个碎片都是一个意象，他的写作是对碎片的聚拢，也可以说是收藏。这样，我们读本雅明的时候，就很难从他那里读出逻辑非常清晰的观点。不论是《单向街》还是《历史哲学论纲》，都由很多小片段构成，看上去各个片段没什么关联，但当这些片段聚集和收藏在一起的时候，它们互相呼应，构成了一个特殊的整体。

03 徘徊者，驻留者，漫步者，闲逛者

张之琪：本雅明也是一名广播节目主播。1927—1933 年，他为超过 80 期的广播节目撰稿，在德国各个电台播出。有意思的是，这个广播节目有两个板块，其中一个是给青少年听的，叫"青少年时段"(youth hour)；另外一个板块是他的一些演讲、对话，还有广播剧。

汪民安：本雅明做主播当然有谋生的目的，但也跟他的智识取向相匹配。他确实是特别早就开始关注那个时代的大众文化和媒介文化的哲学家。在这之前，哲学家很少讨论日常生活。他受到了比较关注都市文化的齐美尔的影响。本雅明是今天的文化研究或者都市文化、新技术研究和媒介研究的开拓者。

上世纪 60 年代，阿多诺和阿伦特把他"捧红"，足足红了半个世纪，直到今天，这非常奇怪，很少有一个哲学家能够持续红这么长时间，受到一代又一代年轻人的喜爱。其中很重要的一点就是本雅明涉猎很广，他当初讨论的那些和大众文化、都市、技术相关的问题如今仍在不断被讨论。

本雅明对技术和建立在媒介技术基础上的大众文化的态度相对比较中性。他既承认技术对文化的反动性，也肯定技术的解放功能。这一点跟法兰克福学派的阿多诺不一样，阿多诺强调大众文化是对人的操纵，甚至就是法西斯主义的思维模式。但是本雅明认为媒体技术，尤其是像电影这样的技术，也能起到解放的作用。他受到超现实主义的影响，超现实主义就特别强调梦境和幻觉。电影造就了一个梦，但也可以唤醒一个梦。他对摄影的态度也是如此。他认为，摄影对绘画造成了冲击，造成了"光晕"的消失，但是，本雅明也欢迎这种新的技术文化的到来。因此，本雅明对技术是既肯定又否定的态度，和阿多诺那批全面否定现代技术的人不一样。

本雅明最有名的是"巴黎拱廊研究计划"，这是一个关于19世纪的巴黎的都市研究，这一研究基本上是现在所有城市研究中的经典，至今无人超越。在已经出版的部分中，他是通过波德莱尔研究19世纪的巴黎的。本雅明谈论巴黎的时候，特别强调的是都市经验，强调一个人对城市的体验。他找到了主人公，一个漫游者，他在巴黎街头到处散步，到处观察，到处体会和体验。你可以说他是一个虚构的人物，也可以说他是一个真实人物，当时的巴黎确实有这样的漫游者或花花公子。

这个研究非常特殊，它不是小说，也不是所谓历史著作或人类学著作，但它又有一点人类学的味道，有一点历史传记的味道，也有一点文学的味道，还有浓重的现象学的味道。它是一本哲学著作，但只写看到的现象,并不分析现象背后的本质。这是一本非常高级的书,在整个20世纪都是一本非常奇特的书。它制造了大量的形象,但你好像很难抓住任何一个形象。它好像非常经验化,但你很难准确地捕获这些经验。你不知道为什么这么具体的书又这么抽象。你好像抓不住一个非常清晰的逻辑和观念,但它就像一个谜团一样驱使你不停地去破解。更重要的是,他写得太漂亮了,写得太美了。这就不仅是一个谜,而且是一个令人产生强烈诱惑的美妙之谜。

傅适野: 读的时候仿佛走进一座他自己做展陈的博物馆,里面陈列着不同的藏品。

汪民安: 这些藏品式的东西,用他的说法就叫"辩证意象",各种意象并置,漫游者一会儿在商场里,一会儿在街道上,一会儿看到革命者,一会儿看到小偷和妓女,各种各样的人物纷纷登场,各种各样的物品纷纷陈列,这是一个真正琳琅满目的大都市。

对于本雅明来说,整个巴黎都是一个梦境。这个梦有双重意义。第一是巴黎确实很美,本雅明一见到巴黎就很喜欢,他觉得这才是他理想中的城市,他的梦中之城。而另外一重意思是巴黎是现代性的产物,这是资产阶级的现代性构建的梦幻,一个进步论的梦幻,这个资产阶级的进步论梦幻应该被唤醒。实际上在这里,本雅明体现出了他对现代巴黎的矛盾性。他认为现代生活是废墟和碎片,但是现代生活在某些方面确实令人迷恋。

本雅明实际上就类似于他笔下的漫游者,那些人群中的人。他和街道上的人群的区别在于，后者永远大步流星地向前迈进。大步向前迈进就是一个目的论形象，他们死死地盯住前方的目标，从来不向四周张望，从不闲逛。

本雅明特别强调"姿势"的概念。在某种意义上，我们也可以说人类的步伐也是一直向前的，有一个目标在前面等着。而本雅明所想象的漫游者，在人群当中总是要反身、要侧身，要往回看，人群推着他往前走，但是他总想"驻留"。他想停驻在现在，他要停留，他要有一个姿势，这是他特殊的"姿势"。什么是姿势？姿势意味着将动作悬置起来，它既不是动作的进行，也不是没有动作，而是动作的停滞，对本雅明来说，面对现代性的进步过程，最重要的就是要停滞和悬置。漫游的姿势，是他反对进步论，反对历史终结论，反对现代性的姿势。——历史终结论和进步论基本上就是现代性非常核心的两个内在要义，所以，他是一个徘徊者、驻留者、漫步者、闲逛者，以空间上的徘徊闲逛代替时间上的连续进步，以此展示对于现代性的抵抗姿势。

张之琪：我觉得这可能也是他的理论这么多年一直流行、经久不衰的一个原因，我们现在看会觉得他是一个多么有先见之明的人，今天几乎每个人都有这样的体验，但在他的时代，有这种体验的人是极少数，他能够把这种体验提炼出来，能够清晰地意识到现代生活给他带来的影响，是非常超前的。

汪民安：在这方面，本雅明确实是一个先知。他在几乎一个世纪前讲的这些东西，在今天仍然非常有说服力。他对现代性的反思十分超前，阿多诺等人实际上都受到了他的影响。

傅适野：阿伦特在《启迪：本雅明文选》（下文简称《启迪》）的序言里说，似乎历史是一条跑道，有些竞赛者跑得太快，结果消失在了观众的视野中。现在看来，阿伦特的评价非常准确。

汪民安：所以，本雅明在他的那个时代不为人所理解，但是今天看，他是我们的同代人，虽然他的时代比我们早了一个世纪。

张之琪：本雅明写城市的作品里面还有一本叫《莫斯科日记》，其实也是他的一段八卦，他曾经跟拉脱维亚女演员阿西娅·拉西斯（Asja Lācis）有过一段恋情，拉西斯也是一名戏剧导演，1924年，她在意大利的卡普里岛认识了本雅明，跟他开始了一段同居关系。本雅明1925年去拉脱维亚的首都看望了阿西娅，1926年至1927年冬天又去了莫斯科，因为阿西娅是一个布尔什维克，所以有很多人说本雅明是在结识了她之后，开始有了一些马克思主义的倾向。

汪民安：是的，是阿西娅将他引向了苏联文化，让他变得左倾。当然，本雅明在认识阿西娅的同时也读了卢卡奇。不过，本雅明的马克思主义倾向也跟他的两个最密切的朋友阿多诺和布莱希特有非常大的关系。阿多诺和布莱希特在某种意义上都算是马克思主义者，虽然是不同的马克思主义者。阿多诺和布莱希特的关系非常糟糕，他们互相瞧不起，但本雅明跟他俩都很好，阿多诺不断跟本雅明说，布莱希特讨厌极了，布莱希特也暗示本雅明不要跟阿多诺在一起，但本雅明离不开他们两个——阿多诺给他钱，他从骨子里是崇拜布莱希特的。虽然今天看来，几乎所有人都认为本雅明比布莱希特深刻得多，有魅力得多。

  本雅明非常崇拜布莱希特，以至于每次见布莱希特都很紧张，每次跟布莱希特见面谈话，回去都要写日记，类似于一个粉丝见到偶像之后的激动不已。布莱希特也确实对本雅明产生过很大影响，尤其是间离理论。人们今天不怎么提布莱希特了，但本雅明直接写过很多关于布莱希特的文章。甚至他的漫游者和人群的关系，也暗中类似于布莱希特戏剧中的观众和舞台的关系——虽在人群中，也要把自己从人群中抽离出来，要保持独立性，保持间离关系。这跟布莱希特的戏剧观，即观众绝对不要沉浸在剧本和舞台中，而要和舞台保持距离非常相近。

04／在中国读本雅明

张之琪：汪老师几年前做了一部纪录片：《米歇尔·福柯》，引发了很多讨论，其中一个很重要的话题就是"福柯热"。您刚刚也说，福柯热了这么多年，其实本雅明比他热的时间更长。您可以讲讲本雅明在中国是什么时候开始热起来的吗？

汪民安：应该是上世纪80年代末90年代初，当时张旭东等人翻译了《发达资本主义时代的抒情诗人》。这个译本非常有味道，人们可以感受到本雅明的独特魅力。当时大家对本雅明的了解非常少，那本书主要在中文系产生影响，尤其是中文系那些写诗的人。他们当时看《发达资本主义时代的抒情诗人》主要是想了解波德莱尔，但是，发现本雅明也很有诗意，就这样，本雅明在中国开始有了知名度，但应该主要限于中文系。可能还有一些研究"西马"的人。本雅明的作品很难读，只有非常小范围的读者。90年代，本雅明其他著作开始被陆续翻译过来，也开始有中国人写一些关于他的文章。当时的研究都不是特别深入，因为他确实很难读。我记得有一个很有名的德国汉学家跟我说，他也读不懂本雅明，他搞不清楚为什么本雅明在中国这么流行。当然，随着英语世界的很多研究被译介过来，包括阿伦特和桑塔格优雅而睿智的文章。这两篇文章对本雅明在中文世界的传播和理解起到了非常大的作用。

从 2000 年开始，这一二十年国内的"本雅明热"就没有中断过。虽然本雅明没有什么新书，但他之所以让大家持续感兴趣，或者让一代代读者感兴趣，我觉得最主要的就是没有人能够完全读懂他，人们很难把他一篇文章的意义穷尽。但是，他又不完全将你拒之门外，你总是能够从他那里或多或少地钓到一些鱼。德里达也没人能读得太懂，但大家的感觉是，你从那里几乎钓不到什么鱼，所以，德里达读不懂就算了。但本雅明不是这样，他的作品很有味道，写得如此之漂亮，有独一无二的魅力，他有强烈的吸引力，读不懂他也可以被他吸引。严格来说，他的作品不是供人阅读的，而是供人反复咀嚼和品味的。

我相信，中国大部分的"先锋诗人"甚至作家，都是喜欢本雅明的。他最基本的形象是一个文人，一个作家。你看他的《普鲁斯特的形象》这篇评论，体现出和普鲁斯特一样宽广而敏锐的文学心灵，我们可以说他是 20 世纪最伟大的文学评论家。当然，不仅是文学领域，从事媒体研究、艺术研究、都市研究、电影和戏剧研究、广义上的文化研究的人都很重视本雅明，现在，做哲学的尤其是做德国哲学的人也读本雅明……他对这些领域基本上都有影响。

傅适野： 最后能不能为没读过本雅明的读者推荐一本本雅明入门呢？

汪民安：《发达资本主义时代的抒情诗人》。可能读不懂，但没关系，要去咀嚼！你不能像常规阅读那样去读本雅明，去记一条两条三条笔记或者观点，因为本雅明没有确定的明晰观点，他记录的是体验与经验。应该把本雅明的书当成一个大都市，读者应该像他笔下的漫游者，在他的文本当中到处徘徊和闲逛，要抓住一个个片段，细嚼慢咽。

巫鸿：美术史不应
关乎修养，本质在
于对眼睛的训练

嘉宾：巫鸿

美国芝加哥大学教授
美术史家

由于时差的原因，我们和巫鸿老师的这次谈话，在北京时间早上九点半开始，打破了我们对谈的最早纪录。我们三个美术史门外汉从巫鸿老师的一沓著作里艰难梳爬出了一打问题，却因为紧张和困倦而变得有些难以开口。然而，经过一个半小时的聊天，我们完全被巫鸿老师耐心、幽默、深入浅出的回答所打动，有一种从内而外醒过来的感觉，仿佛每一个细胞都因吸收了知识而饱满舒展起来，并跟随他在更广阔的时间和空间中进行了一次头脑的旅行。

这是一次很难概括的聊天，我们从巫鸿老师疫情期间完成的著作《物·画·影：穿衣镜全球小史》谈起，谈到封锁状态下学者的心境、求索以及对网络研究方法的思考和实践。接下来，我们提出了外行人对于美术史这个学科的诸多好奇：为什么美术史家可以从一幅图像、一件器物中看出这么多信息？被巫鸿老师称作"视盲"的麻瓜普通人要如何训练一双会观察的眼睛？最后我们谈到了美术史在观看方式、研究方式、教学方式上的西方中心主义视角，在反思这种视角的同时，巫鸿老师也指出，"中国 vs. 西方"的框架也是建构的、有局

51

限的，我们只有超越这种二元的框架，才能看到世界上还有很多不同的文明与文化都留下了丰富的艺术，如涓涓支流汇入全球美术古往今来的大洋。

01 / 疫情中的写作：
在身体受限时做一次知识的旅行

傅适野： 2021年5月巫鸿老师的《物·画·影：穿衣镜全球小史》（下文简称《穿衣镜》）出版。在后记中，巫鸿老师详细介绍了这本书的创作契机和过程。您说，疫情期间的自我隔离显示为一种"漂浮"状态的无休止的写作，您探索了很多之前没有尝试过的方式，比如在网络上寻找资料，通过这些资料去形成一种叙事、探索一个主题。这次的写作经验对您来说有什么特别之处？

巫鸿： 这是一本很特别的书，它的内容和写作方法都和我之前的书很不一样。我原来的书虽然跨度很广，从古代到当代、从绘画到墓葬，等等，但还是以中国美术为主，而这本书的视野是全球的。

从工作方法上来看，美术史家受的训练一般是看东西，比如研究一张画要去看画，研究一个建筑必须去看建筑，（因为疫情）现在不能这样做了，怎样进行美术史的研究就成为一个问题。这本小书可以说是受到这些挑战而产生的，也是从我的角度对目前全球不同工作、不同状态的人面对的问题的一种回答。

傅适野： 您在后记中也谈到，这本书面临的挑战是疫情期间"孤单的游牧状态……是否真有可能写一本有担当的著作"。您一开始写作这本书时遇到了什么困难吗？"有担当"的意思是什么？

巫鸿： 不同行业的人有不同的担当，对艺术家来说，（担当）就是怎么做一个很好的艺术作品；对我们这些做研究同时也教书写作的人来说，在这种状态下怎么做研究，就变成了一个很重要的问题。不做也不写不是一个解答，还是要工作。不是说每一项工作、每一本书都能得到一个终极答案，但我们可以去探索。《穿衣镜》这本书提出了很多问题，对我自己来说是一种比较新的角度，对于美术史研究来说也是比较新的角度。这本书就是我在这种封闭的状态下，利用所有资源尽量去工作、尽量去查找、尽量去校对而来的一部作品。

比如网上有很多信息，不是说找到一个就可以马上用，我要通过不断核对来判断它是否正确。这和我直接研究一幅绘画或一座建筑不一样，我要尽量地探索比较正确、比较可靠的信息，这是一种挑战。我希望将来会有这种可能性，希望这本书可以引导大家真正去看某一个城市，真正去到某一座博物馆，去看某一幅画。

张之琪： 2021 年 5 月还有一名作家杨潇出版了《重走：在公路、河流和驿道上寻找西南联大》一书，讲述了西南联大的历史。他在书中提到，当时的很多知识分子有一些特别想写的主题，这些主题可能很宏大，但因为总觉得还没有做好准备、还没有阅读足够多的资料，之前就一直搁置着。到了战乱期间,在资源更有限、时间更碎片化、条件更局促的状况下,他们反而开始书写这些主题,有一种不写不行了的紧迫感。对您来说,穿衣镜是怎样一个话题?更像是一个业余项目(side project),还是一个您此前一直想写但直到疫情期间才找到机会写的话题?

巫鸿: 这很有意思,我没有想过这个问题。穿衣镜本身不是艺术作品,也不是纪念碑,我之所以会写它,特别是在这种被封闭的状态下,是因为对我来说,穿衣镜把很多东西串了起来,让我能够在时间和空间里去旅行、去漂浮、去走得更远,甚至比研究一张名画或者一位画家走得更远。在书中,穿衣镜相当于一个叙事线索或中介物,它引导你去到中国汉代,去到古希腊、罗马,去到今天的电影、摄影、绘画,去到美国、法国、东南亚……它带着你不断地旅游——这是一种知识的旅游——去探索穿衣镜为什么会吸引那么多不同国家、不同时代的人,这种大镜子的吸引力到底在哪里,每个国家、每个时代的人是如何赋予它不同的意义,如何用它来表现自己。

我想到著名的天体物理学家霍金因患有卢伽雷氏症而瘫痪,身体使他不能到处跑,但是他的思想可以跑得那么远,跑到无限宽广的太空。我觉得疫情对我们的一个启发就是,虽然很多事情我们不能做,不能实际去看或者去接触,但人的思想是无止境的。我这本小书当然不能和霍金的《时间简史》做比较,但也是一个在时间和空间里的旅行,穿衣镜就是我做这次"旅行"的契机。这是我做它而不是别的什么东西的原因所在。其实我也在写别的书,一般来说我可能会写一些比较重大的题材——这本书很特殊,估计只有在这种状态下我才会去写。

02/用网络搞研究？
对学科视野和研究方法的一些反思

傅适野： 聊到疫情之下的创作方法，这本书的特点之一就是对网络空间的发掘和利用，大部分时候您通过上网查证资料来进行论述。您在后记中说，现在学者对网络空间的利用正在创造一种新的思想方式，也谈到了网络研究的性格。我和之琪都有人类学背景，现在人类学的田野方法中也出现了"网络民族志"这种类别，研究者依托于赛博空间展开研究，在其他人文社科领域，包括当代艺术领域，互联网这种媒介也起到了越来越重要的作用。在您看来，网络空间对于美术史研究者来说意味着什么呢？

巫鸿： 我的想法还不是很成熟。这本小书的写作过程以及最近的工作方式让我开始考虑，我们需要对一些学科或者研究方法进行反思。比如美术史，原来的研究方式是比较直觉性的、经验性的、直接接触的，就像人类学或民族志研究，你必须到某个地方访问甚至住在那里，深入某个群体。

学美术史，一定要到美术馆或遗址去仔细发掘，但是根据我们今天的知识结构和研究方式，可能需要对原来的古典方式进行反思和增加——不是抛弃原来的方式，而是增加一些其他维度。经验研究（empirical study）还是需要的，但今天的信息来源和经验来源不光来自直接接触，它不再是封闭性的，现在很多旅行是通过网络发生的，很多知识来源于网络空间。现在的年轻人当然还是可以在课堂上学很多东西，但是他们知识结构里的大量东西都是从网络或者信息的交流中得来的。所以，无论哪个学科，我们都需要重新思考，最基本的一点就是对研究者信息来源亦即证据的考证。

我认为网络是非常有用的，这一点毋庸置疑，现在要问的是"怎么用"，比如我们作为教师怎样教学生使用网络。从理论上说，网络信息本身已经是一种经过消化的知识，只能作为一种意见性的、观念性的材料，不能作为绝对的原材料来使用。当然，是否存在绝对的"原材料"本身就值得怀疑，但在网络空间中尤其要慎重。

在使用网络的时候，我们不能打开一个链接、找到信息就抄下来，这是绝对不负责的。网络研究很重要的一项工作就是做大量对比，把问题设计成三维式的。比如关于"穿衣镜"不是只有一条或者两条信息，而是几百条、几千条，网络信息的阅读量比看书更大，各种语言、各个美术馆、各个档案库的东西都要看，比原来要看的东西更多、更花时间、更费劲，因为你一旦认识到这都是不同的人整理出来的档案，就要对信息保持怀疑，不能直接认为这些信息就是事实。

那么，怎样做一个比较负责——不是绝对正确，但是要负责——的研究？那就要做大量的网络查对。在查对过程中我们会发现，不同的档案库、信息库可能有不同的观点或者不同的出发点，这也很有意思。针对同一个东西，不同的人可能会用不同的方式来提供不同的信息，其中就会出现有比较性的东西，进而为学科研究打开新的空间。

现在大家都会使用网络，资料太多了，太便利了，但如何筛选出可靠负责的东西、如何学术性地使用它，还是一个挑战，我也没有最终答案，这些只是最近的一些体会。

傅适野： 阅读这本书的时候仿佛在看一部侦探小说，跟着侦探巫鸿老师收集图像以及物质方面的线索，再放入时间和空间中进行考证和推论，这个过程非常有乐趣。您刚刚提到这本书特别的一点在于比较依托网络媒介，您之前的研究也需要做许多考证工作，比如判定一幅画要先断代，再综合各种资料考证。和之前对于画或纪念碑的考证相比，您觉得网络考证有何不同？

巫鸿： 有很多是很接近的。一个非常大的区别在于，比如原来我要研究人民英雄纪念碑，我肯定必须要去到那里，否则心里有点不踏实，会觉得身为学者这样有点不靠谱，但现在不一定是这个状态了，很多东西我不一定实际看过，比如一张照片，我可能没有拿在手里，而是在网上看了它，包括正面、反面、尺寸、纸料，等等。但是，具体的研究方法还是一以贯之的，因为这是经过学校的训练和自己对专业的不断思考、打磨形成的一套方法。

照片是一种很特殊的物质，即便是在网上，我也不会把它视作一个单纯的影像。我一直认为，画或者摄影都是物质的东西，是可以流通的，在人们的生活中有一个位置。我不太同意把什么东西都归成image（图像）。图像研究可能对历史学、文学等很多研究都很有影响，但图像实际上是一个不存在的东西，所有图像在我们的生活中都有具体的物质性、具体的空间、具体的用途，并不存在一个单纯的、透明的图像。我们在电脑或其他屏幕上看到一张照片，可能会觉得它已经很透明了，但它还有一个物质的载体，这个载体对我来说一直都非常重要。

穿衣镜对我有着很大的吸引力，它是一个家具、一个物体，这本书的很多内容又是关于绘画和摄影的，于是，绘画怎么用穿衣镜、摄影怎么用穿衣镜、穿衣镜怎么流传，这三个东西交缠在一起，这是这本书很特殊的一个部分。除了全球性以外，它还有不同介质的混合和互动，特别有意思，可以帮我们把现在的学科研究视野打开一些。现在，我们研究绘画可能往往就看绘画，研究摄影就只看摄影，也许这本小书可以给大家一些启发——绘画、摄影，这些东西在历史中是相连的，只是我们今天的研究把它们分开了；这种分开是学术的需要，但不一定是真正的历史。所以，穿衣镜可以带着我们全世界跑一跑，同时也可以打通不同的媒介和不同的门类。

傅适野：这算是现在美术史学科的新趋势吗？在最近这五年到十年间的人类学研究中，"物质性"也是一个流行概念。

巫鸿： 至少是我自己做研究的一个新趋势。我想东西的时候往往不是完全孤立的，不是专门就做某一个项目，还是想打通。这本书比较个人化，不能说代表了一个潮流，我也还没有看到是不是对别人有启发。

当然，这个学科可能会有一个潮流或者一种新的理论，我们可能会随着新的理论去做一些东西，比如说研究器物、物件的潮流。但是，真正的学术是根据具体的课题来做的，应该根据课题来运用理论，而不应该跟着理论来找课题。这两者还是有区别的。

学生们容易先把一个理论拿来，找个题目套一下，用具体的历史或者当代课题来印证这个理论。作为历史学家，不应该是这种次序，应该从具体的问题、具体的作品或艺术家出发，你先发现它的很多复杂性，很多和别的不一样的地方，然后，理论可能会帮助你来解释这些复杂性，把它们阐释得更清晰，如此，这个理论就是有用的，而不是相反。当然，我是避免用理论先行的方式做历史研究，但不是说要反对理论，我们反而要读很多理论。作为历史家，一方面要从美术史或历史的实际问题出发，另一方面理论可以帮助我们来解释这些问题。

03/ 美术史不是"高级修养",
理解图像应成为现代人的基本能力

傅适野: 为什么您看一幅画能看出那么多东西,您的眼睛经历了怎样的训练?这是不是美术史领域的基础要求?研究者的眼睛需要经过一整套的系统训练吗?

巫鸿: 你提的这个问题非常重要。用眼睛是超过眼见为实的。我们每天都在看,看电脑是用眼睛,在街上看建筑也是用眼睛。我们为什么要做美术史研究或者学习美术史?我自己不太同意一种说法,说这是一种修养,好像物质生活、精神生活达到一定层次之后,你就应该有这种比较高级的修养,就应该去看看艺术,这不是我们美术史要做的事情,我们要做的是更基础性的工作。

我在给大学生上课的时候,往往第一堂课就会说得非常清楚,我在课堂上讲的可能是中国美术史或者世界上其他作品,这些都是手段,训练你的眼睛才是目的。我有时候和学生开玩笑说,我基本上把你们定位成"视盲",你们可能不高兴,但是我们可以做一个实验,我把一个杯子放在讲台上,给你无限的时间把关于它的所有东西都写下来。你不用读关于它的书,就靠你的眼睛,你从这个杯子看到了什么?你怎么把看到的东西转化为文字?怎么在不同的专业中用到自己的知识?大多数学生一分钟就写不下去了,只能说出杯子是圆的或方的、玻璃的或瓷的,这就说明他们不会把看到的东西转化为"知识"。

今天所有的现代学科领域都会用到大量的视觉材料,牵扯很多空间的问题、形状的问题、编码的问题,能够敏锐地感觉空间、有能力把它转化成一种叙述,这是一个研究者或年轻人很重要的知识能力。我们原来的教学一般都建立在文字之上,只认为文字是知识——特别在中国更是如此,原来的文人都认为文化就是文字,只有能看书或写书才叫有文化。但现在的知识结构正越来越图像化,对图像的基本理解和分析的能力非常重要,所以"视盲"是很危险的。

"文盲"是说你看得见字但不知道它什么意思,"视盲"就是你看得见这个东西但不知道它什么意思,也无法表述出来。比如你看到一个建筑,只能说出"大裤衩",那就是"视盲"。在今天,受过教育的年轻人不能那么简单地对待视觉对象,这是一件很严肃的事情。

城市就是一个视觉空间,你不能用一个简单的文本来代替它,整座城市都是与空间相关的问题。我们整天谈中轴线,谈各种环,谈古代的北京怎么样、现在的北京怎么样,这些都是美术史的问题。在这个意义上,我觉得美术史提供了基础的视觉训练。

我在芝加哥大学的这门课很短，一般只有九周，我告诉学生，你不一定要记住很多名字和年代。如果九周之后，我还把这个杯子放在桌子上，你可以写上三四分钟，我觉得就成功了，因为你已经解决了一部分"视盲"问题。

"美术"这个词有点误导，好像美术史研究的都是美的、漂亮的，其实不是，我们说的是视觉文化或者视觉分析的问题，美术史是最接近它的一门学科，还应该有更广阔的学科。到现在为止，美术史是训练眼睛或者训练一个人从看到写、再到分析最主要的一门学科，这也是为什么我们要做美术史研究。

傅适野： 我一直在思考观看的局限性问题。在看画或者其他作品的时候，我经常感觉肉眼存在局限，有时候这种局限可以通过电子屏幕或者像素来弥补，比如 Google Gallery 里有伦勃朗的高清画作，我们可以无限放大，此时屏幕是比眼睛更方便的观看工具。但有时候眼睛也能够超越像素，比如在泰康收藏展上看到冷军的《小姜》原作，毛衣细节纤毫毕现，但网上所有关于《小姜》的图像反而没有原画清楚。在您看来，肉眼是否有局限性呢？美术史是如何处理这种局限性的？

巫鸿： 我觉得这里大概涉及两个问题。首先，我们作为日常生活中的人的经验，和我们的一般生理能力被超越以后——比如使用机械手段——达成的另外一种经验，是不太一样的。如果我们把美术放在日常的环境或者生活里，还是要用正常的眼睛来看的；但美术史研究也会用到一些新的技术手段，比如 X 光看一幅画的里面、后面，或者用极端的高清摄影去看一些细节，有点像天文学家用高倍望远镜看星星。两种经验都有用，但美术史更强调的是日常生活环境、人的真实社会环境里的美术，不管能不能看清，眼睛都是最重要的。

很多时候，艺术品不是让人完全看清楚的。以敦煌石窟为例，现在我们看画片清楚得不得了，但真到石窟里，很多都是看不清楚的，因为它整个是黑乎乎的。或者你去欧洲看大教堂，顶上的雕塑、绘画、镶嵌玻璃也看不清楚，除非你用高倍望远镜。在真实的视觉环境中，这类艺术并不一定非要看清，而是要造成一种氛围，或者让你展开想象。所以，我倒不一定觉得清楚就是绝对的目的，有的时候我们甚至都看不见它们，比如墓葬艺术。这两天我和陈丹青一直在谈墓葬艺术的问题——为什么那么好的画就给埋了？大家都看不见了，怎么去理解？哪些艺术能看见，看到什么程度，这里有很多文化问题，不能一概而论。

冷军的《小姜》这个作品很有意思，我们都很清楚，在美术史里这种风格叫作"超级现实主义"或者"照相现实主义"。最有意思的是，这种效用/抓人的能力是那么强，它不光是一种简单的风格，它实际上真的把你的眼睛抓住了，这是很有意思的。但我也想反过来提一个问题：人们在展览上看到它之前，大概已经知道了它是一幅油画，在这种超细度面前就被极大震撼到了。但假设你们根本不知道这是幅画，哪天意外碰见，可能会认为它就是一个摄影作品，是不是还会有这种震动呢？

04/ 美术史基础教育滞后，
传统的解释和学习方式应有所改变

张之琪： 您在《重屏：中国绘画中的媒材与再现》（下文简称《重屏》）这本书里提到，中国古代的手卷是一个移动的画面，如果以正确的方式观看，它所展示的是由多幅画面组合而成的连贯图像。您认为手卷是一种"私人媒材"，由观看者自己掌握速度和节奏。但这种观看方式在现代人的视觉体验中完全消失了——博物馆展览手卷时会把它整个平铺开来，印刷品会把长卷分成若干部分，更不用说现在更多人是在电子屏幕上观看的。这种观看方式的消逝对于我们理解画面会有怎样的影响？作为研究者，可以通过历史资料的辅助和想象，在研究中还原这种观看方式或身体经验吗？

巫鸿： 这个问题非常好。有时候历史上消失的东西是无法还原的，除非我们做非常大的努力，就比如这些手卷画在我们的真实生活里已经消失了，但它在中国美术的几千年历史中占据着非常重要的地位。

为什么中国美术这么不一样？为什么它在世界范围内是如此重

要？我在另外一本书《全球景观中的中国古代艺术》中举出了几个中国美术不同寻常的方面，手卷是其中之一。对于整个人类的美术来说，手卷是非常了不起、非常特殊的一种媒材。它是一种时间性的媒材；一张油画虽然也很了不起，但它没有这种时间性的东西。在中国，手卷很早就存在，中间的很多朝代里，艺术家们发明了很多方法，去引导大家看手卷。这很重要。我们不能因为它不存在了就不管它了，它是一种文化财富，是中国文明对人类文明和人类艺术的一个重大贡献，所以我们必须把它发掘出来。原来发掘得不够，就是因为手卷都被转化成了小画片一样的复制品。

手卷虽然从后来的人类生活中消失了，但我们还是可以在学校或美术馆里引导大家去理解这个媒材到底了不起在什么地方，比如我们可以用《洛神赋》《韩熙载夜宴图》来展示它——但还是很困难，因为手卷必须用手，如果不用手，即使是在屏幕上动，它也不是原来的手卷，所以完全恢复到传统的手卷是不可能的。现在所有博物馆都是公共空间，而手卷只有一个人能拿着，是一个绝对的私人媒材，别人可以站在 Ta 的身后看，但不能拿着，只有一个人是手卷的主要观者，由此人来控制速度或者看到的画面。

我在教书的时候给学生留过一个作业，请他们把书上印的被切成一段一段的手卷复印下来，或者用扫描仪扫描再印出来，做一点笨活，用胶把它们粘起来，粘成一长条再去看，然后将这种看的方式写一篇小论文。学生自己动手重新复制手卷，一节一节地看，比如《长江万里图》中哪里是惊涛骇浪、哪里很平缓，就很有意思。

所以，不是说我们要恢复手卷这个东西，而是在我们的知识结构里，要知道中国文明曾经创造了手卷，对当代文明做出过贡献。我特别希望美术馆多做一点工作，我甚至设想可以复制一些卷轴，大家在桌子上拉来拉去自己看，这种方式会带来一种切身经验。美术馆把真画放在玻璃柜里，只能观看，但如果在旁边放一些复制品，人还可以用手去拉——两种观看方式配合起来，既可以看到原画，又可以真正用身体来感觉古人究竟是怎样看这张画的。

张之琪： 您在《重屏》里也写到，将移动的手卷变成有总体边框并且可以在固定时间内展现出来的完整画面，这种方法是从西方艺术的研究中发展而来的，它针对的主要是文艺复兴以后的架上绘画。因此在对画面进行分析的时候，首先考虑的是它的空间结构、透视关系、中心和焦点。我想，即便在中国当下的美术史教育，比如在大学里美术史101的课程上，学生第一步学习的还是这套方法。您在课堂上会有意识地跟学生分享一些不同的方法吗？

巫鸿： 绝对的。其实，我们现在需要对原来的分析方法进行一番非常严肃的审视。虽然很多教科书都是这么写的，但它不一定是对的，因为这套方法是美术史在19世纪、20世纪时产生的比较古典的方法，其前提是比较晚期的西方艺术中的观点——文艺复兴以后的，加上绘画、再加上透视，有一些框架。

特别是在摄影出现以后，摄影把所有的美术品都转化成了影像图片。这些影像图片可以复制在不同的书里，不管原来的美术品是什么样子，它都简化成了摄影的、二维的、带边框的图片。教科书里的美术品被简化成了一个一个的小方块，这是非常有误导性的。不仅仅我们的手卷变成了这样，埃及艺术和希腊罗马艺术都变成了这样——用晚期摄影或透视的方式、带边框的方式把艺术品重新转译。甚至希腊瓶画这种艺术形式，它原本是一个在圆的瓶子上作画，我们的教科书里也往往只取中间一块，学生感觉不到瓶画其实是画了一圈的，大家是要围着看的，甚至感觉不到这个瓶子多大多小。除此之外，中世纪大教堂、文艺复兴的教堂等很多空间都消失了，都变成了一个一个的图像。这是我们今天一定要改变的，因为今天的美术史已经远超于此。基础教育还比较滞后，大学美术史101第一步就要改变这一点。

前两年我在芝加哥大学时，就希望改变"101基础美术史入门"这门课。当时我和另外两位教授——一位是研究玛雅美术的，另外一位是研究欧洲浪漫主义美术的——一起重新设计了一个美术史入门课，这当然很复杂，因为要摆脱原来的那套方法并不容易。最后我们将这门课换成三个主题，每个主题都涵盖不同的美术传统：主题之一是"纪念碑/地点"，纪念碑是各个文明里都有的东西，它和地点比如城市中心是分不开的；第二个主题是"图像/媒介"，我们可以谈各式各样的图像，比如谈到手卷里的图像，那么就必须谈手卷这个媒介；第三个主题是"美术馆/收藏"，因为艺术品进入美术馆、经过收藏是艺术的机制之一。

每个主题都是我教一堂课、玛雅教授教一堂课、欧洲浪漫主义教授教一堂课，构成了三种不同的美术传统的互动。学生不是得到了一种答案，而是获得了很多信息，使他们意识到这个世界上有不同的艺术传统。围绕这些比较重要的概念，我们会发现很多不同的现象，在比较中理解不同的文化，尤其非本土文化是怎么考虑这些事情的。比如提到纪念碑的时候，西方的学生马上会想到华盛顿纪念碑或者其他石头纪念碑，而我讲的是日本和中国用木头建的庙宇。

我们需要对原来的教育方式或者美术史的阐释、学习方式做出严肃深刻的反思。但不是要在很高的学术领域写一本书，而是要在比较低但很重要的、像大学教学这样的场域中开始做这件事情，如此才能慢慢产生影响。

张之琪：《穿衣镜》前半本专门写中国的那部分，我觉得特别有意思，看了《重屏》之后，我觉得这两本书讨论的是一个类似的问题——这种屏风或者大面的穿衣镜带来了怎样一种幻觉？基于室内环境来讨论这种视觉上的超现实体验，让我想到本雅明写中产阶级的居室幻景——当然它不是一个视觉上的实指，而是一种综合性的、感受性的、氛围性的东西。您在这本书里写的也是一种感受性的东西，对室内空间的讨论也不光是针对画或者镜子，也运用了很多文学的素材，比如《红楼梦》，《重屏》里也有很多中国古代志怪故事，您用综合性的素材还原了一种心理感受。这种研究的路径在美术史里是一直存在的吗？您怎么看这种比较综合性的论述？

巫鸿：美术史学科吸引我的正是它没有一个特别固定的圈。比如德国美术史比较拘谨一点或者很倾向于研究形式，但至少从上世纪80年代起，它吸收了很多理论，有图像的转向，一下子变成了一个非常开放的学科。

我的感觉是，今天的美术史里不存在一个绝对的方法论的主流，不存在必须怎样做才是正确的，或者怎么做就不属于美术史，很多研究都有试验性，但一个基本前提在于：美术史还是以视觉、能看见的东西，而不是以文字或者别的东西作为主要文本。当然视觉的范围很广，包括物质，包括空间，也包括图像，在这个范围里做的任何实验都是美术史应该做而且需要做的。

我按照自己希望做的去做，能否产生影响是另外一回事。《重屏》和《穿衣镜》大概体现了我的一种工作方式——不太考虑美术史的方法是怎么样的，而是探索用视觉材料或物质材料能讲出什么更有意思的故事。如果能讲得更有意思、更新，那我就把美术史的圈往外稍微推了一点。

回到你的这个问题上，我们当然会用很多文献，因为美术史是历史，是一门人文学科，必然要结合文字或者别的材料，不光是图像。比如我对空间非常重视，空间就涉及很多问题，而不光是简单的画或图像。至于文字，比如《红楼梦》那一节，据我的考证，大玻璃穿衣镜在康熙年间传到中国以后变成了镜屏。在视觉上，它和之前的屏风、中国原来小的铜镜都很不一样。它对人的思想或者审美产生了一些震动，人们也产生了一些新的想法。比如皇帝会用镜子做一些奇奇怪怪的事情，雍正居然花了那么多时间研究这面穿衣镜要怎么装，居然还为之发怒，这些都写在了清宫档案里。比如《红楼梦》为什么四次谈到玻璃穿衣镜都是在贾宝玉的怡红院里？我们知道贾宝玉和作者曹雪芹有一种直接的关系，这是如何体现的？这四次都没有谈任何伦理，它体现的都是视觉上的冲突，比如贾政面对穿衣镜时的恍惚。

我用这一节来谈这个就是想说，18世纪初穿衣镜对中国人的审美、对室内的装置、对文学、对自我认知都产生了一些冲击或者启示，产生了新的问题，才刺激了这种艺术和文学的创作。穿衣镜是文化的一个部分，它产生了一种中西或者全球的流通，产生了新的刺激。书中提到《红楼梦》就是为了说明这一点，倒不是说要用《红楼梦》证明什么问题。这些实际上是彼此平行的，我们把雍正、乾隆和《红楼梦》的穿衣镜都放在一个层次来看，就能看出里头相关的很多事情了。

05／要反思从西方拿来的东西，也要知道世上不止中国和西方

冷建国： 国内很多美术史领域的著作会在出版上做一个分类，是中国美术史还是西方美术史，但这本《穿衣镜》很难说要放到哪一类里，因为它是在全球的脉络和视角中展开的。您刚才提到了《全球景观中的中国古代艺术》，我记得"景观"这个词您用的是 view，可能既是"景观"也是"视角"，您是用"全球景观"替代掉了"西方视角"这样的说法吗？在您看来，真的有中国美术史和西方美术史的区别吗？这个区别到底是媒材上的区别，还是方法上的区别？您在之前接受采访时也提到，"与其谈论东方和西方，不如谈论前现代和现代"，把空间上的讨论置换成时间上的讨论，这种置换在多大程度上是有效的呢？

巫鸿： 首先谈景观的问题。《全球景观中的中国古代艺术》可以和《穿衣镜》放在一起，两本书体量都不大，都是希望不但学者可以看、一般的对美术史有兴趣的人也可以看，两本书都希望把中国美术和全

球美术——不单是西方美术——挂起钩来,但是挂钩的方式很不一样。

在《全球景观中的中国古代艺术》这本书里,我把全球美术作为背景,在这个背景上看中国古代艺术有什么特别之处,有哪些了不起之处。我总结了四个方面:其中之一是"礼器",这种礼仪文明国外不是没有,但没有中国那么宏大和长久。第二个是"墓葬美术",国外也有,人死了都要埋掉,埃及的也很宏大,但是埃及墓葬美术消失了,中国墓葬美术上下几千年是连续的,而且在地下创造了那么多美术品,埋了那么多不得了的东西,也是全球美术史中很独特的文化传统。还有"手卷",作为时间空间性的一种绘画形式,在别的艺术传统里很少见。最后一个就是"山水",画风景西方也有,但是山水作为一种美学的范畴、作为一种艺术表现的模式,它在中国的地位可以说和人体在西方的地位差不多。这四种艺术就在全球景观的背景下凸现了出来。每个文化和艺术传统都为世界美术做出了贡献,这些贡献不一样,不能说我的好、你的不好。比如我们要谈对人体的表现,从埃及、希腊、罗马一路下来,肯定比中国古代做得更深,因为中国古代不太画人体;比如伊斯兰的美术、建筑、装饰和书法的结合,成就也是非常惊人的。

全球的美术古往今来如同一个大洋,文明就像河流,我们中国的这几条大河为大洋灌进了不同的水流。我的主张不是比较中国/西方或者东方/西方,因为这种分类是一个很历史性的东西——当然它有它的原因,比如说美术史这门学科是在西方产生的,我们用的很多方法概念是西方来的,所以我们现在往往要对这套话语或者概念进行解构。但并不是对西方进行解构,因为这套话语我们已经拿过来了,已经变成我们的语言了,不是说我们去反对西方,而是要反思我们从西方拿来的东西,同时也要考虑世界上很多别的艺术传统。我觉得在今天中国的美术教育和文化教育里,这还是一个需要加强的方面。

我们虽然需要反思西方,但同时有点太执着了,好像什么东西都要和西方连上。比如刚才谈到的玛雅,是很了不起的古代文明之一,有很多东西都可以和中国文明连上。再比如说印度,也有着很强大的古代传统,影响到了中国古代艺术,但我们对印度的艺术到底了解多少呢?每次我和年轻人谈话,一下子就会跳到西方,除了中国和西方,好像这个世界上的其他地方或是空白或是不太重要。其实很多地方的文化都非常有意思,年轻人尤其应该去思考,这对我们将来做什么可能会更有好处。

这本《穿衣镜》和之前那本不太一样,全球不再是背景,它跑到前台来了,包括中国,再加上希腊、罗马、法国、美国和东南亚等,当然不能包括所有地方,也是以我能找到的资料为根据,意在把全球作为整个图景展现出来。这对我本人也是一个挑战,我原来一直是写中国美术史的,很少写全球,这次也是一个很大胆的、不一定成功的尝试。希望大家能看一看,能引起一些启发,我的目的就达到了。

傅适野: 您在之前的采访中提到,现在的中国学生对中国古代的文化并不是特别了解,这似乎是我们这一代年轻人普遍面临的问题。

您刚刚也提到，现在的年轻人动辄讲中国和西方的问题，可能是因为我们从小就是在西方文化的浸淫下长大的，不管是西方的影视作品还是文学和艺术作品，反而中国古典文化缺乏了解。您怎么看待这个问题？在您现在教的学生里，也会有这样的问题存在吗？

巫鸿： 这是很自然的。其实，这不是你们这一代的问题，五四运动以后，中国人和古典文化的距离就比较远了。中国人不写毛笔字了，不背书了，不背《大学》《中庸》了，也不用作诗词了，都玩起电脑来了。不要把它看成一个不正常的现象，我们都是当代人，这很正常。对于古典文化的熟悉，是我们觉得有意义的事，不是天经地义的事。如果那样看的话，很多年轻人可能会形成一种逆反，会觉得那些东西对 Ta 的生活或升职一点用也没有。

这个东西比较微妙，作为一个中国人，作为一个中国的自认为比较有文化的人，当然需要对中国古代文化有了解，但怎么才能吸引年轻人去了解，或者有一种让大家了解的机制，这可能是最重要的；而不是去责备，觉得不了解就是不正常的、是不好的。

大家现在已经做了很多，包括现在很多美术馆还是希望努力把展览做得更有意思，能够吸引年轻人来看。这些年中国的美术馆和博物馆发展得也非常快。有一些是网红展，大家跑去展览上拍照，甚至像赛跑一样，好像到了那里目就达到了。我觉得这是一个开始，至少大家去了，下一步就是真正地看。跑那么累，见到张择端（的画）了，那下一步呢？到底《清明上河图》在告诉你什么东西？有什么好玩的事？你看见什么了？可以让大家来谈，年轻人总是要互相交流的，一个人学习没有意思，文化本身也不是死记硬背，是得有兴趣的。

当代艺术、古代艺术都是艺术，彼此相连，如果一个人真在视觉上对当代有兴趣，我相信 Ta 也会对有意思的古典作品有兴趣，看进去后 Ta 会发现，这些并不都是别人告诉 Ta 的事，可以用自己的眼睛来看。

说到对中国古代文化不熟悉，我想起来小时候死记硬背，要把这些名字记住，什么李白杜甫，什么年代有什么诗，全背下来，这种方式与年轻人自己的思想经验没有直接的互动，不是从 Ta 的经验出发的。要想对中国古代文化产生熟悉感，从 Ta 的经验出发，或者从 Ta 自己的兴趣里去产生，这是最好的。当然，这可能有点理想主义，但是我觉得这是最好，也是最可靠的方法。

再次与巫鸿聊天：
历史的人称是"它"，
记忆的人称是"我"

嘉宾：巫鸿

美国芝加哥大学教授
美术史家

如果不是这场突如其来的疫情，美术史家巫鸿可能不会开始尝试一些实验性质的写作，比如《物·画·影：穿衣镜全球小史》，比如《豹迹：与记忆有关》（下文简称《豹迹》）。前者致力于在人的流动受到限制的情况下追寻一种物的流动性，后者则在封闭和自我隔离的状态中开启一场精神回溯和漫游，往昔的人、物、事化作图像，依次浮现。感官上的鲜活回忆先于客观而抽象的时间，占领脑海，诉诸笔端，于是有了巫鸿所谓"记忆写作"，即"以现下的我召唤出过去的我，在复述之中提炼出叙事、形象、线条和色彩"。

记忆是碎片，它未必完整，也不遵循线性规律。记忆是图像，它可能模糊，无须准确，并非照相机般对彼时彼地的精确还原，反而更像一幅画，画家利用线条、色彩以及图层的堆叠，传递情感、氛围和一些心绪。记忆也是影子，随时间的流动拉长缩短，或干脆消失不见。

捕捉影子似乎是一场徒劳，因为影子一旦被定格，它将"不再移动，不再消失，不再透明"。因此《豹迹》或可称为一座记忆的坟墓，而写作的过程则变成一场以自我意识为对象的精神考古，是开掘过往时间地层中的遗迹，让潜意识如矿藏般浮现。

这矿藏丰富多样。它包含巫鸿在专业的美术史家与美术爱好者两个身份之间的反复摇摆和由此产生的张力，囊括经历和见证历史起伏、岁月变迁及城市发展后个人对集体记忆的思索，也涉及漫漫人生路上因各种际遇相逢或失散的人们。

欢迎来到这座记忆的宫殿（或墓园）。或许你会和我们一样，在感叹其构造之精妙时，猝不及防地撞见自己的影子。

01 / 记忆写作：现下的我发掘往昔的我

傅适野：《豹迹》的副标题是"与记忆有关"，篇章的筛选和每一篇的写作基本都与记忆这一主题有关。全书涉及不同的线索，指向记忆的很多形态，比如记忆和现实的多重关系，比如记忆照进现实、记忆的错位，甚至是现实嘲弄记忆、记忆与现实迎面撞击的一些瞬间。种种现实和记忆的关系都非常迷人。您最开始为什么想写一本这样的书？为什么想分成艺术、生活和人三个部分？是如何对材料进行取舍的？

巫鸿：写这样一本并非研究性、学术性或历史性的书，和我原来的大部分著作都有距离，这不是一个特意的决定，而有一点自然而然。我原来虽没有写过这样的书，但也陆续写了一些与记忆有关的小文章，往往是在特殊的场合，比如要纪念某一个过去和我有关的人。这次做成一本书，我觉得可能和疫情有关。从2020年开始，疫情让写作环境和生活环境发生了挺大的变化，个人进入了一种比较封闭性的思考和创作状态。在这种状态里，我开始考虑写一些不同的东西，《穿衣镜》这本书也是疫情期间写的，《豹迹》稍微晚一点，都是疫情之下不同类型的写作。

我在《豹迹》里说记忆是一些碎片，它们本身不是连贯的，而是一段一段的，和某一个地点、某一个时期、某一个人有关系。但也不能就把一堆碎片呈现给读者，还是要有一点架构或规律，让大家看到一些主题，于是我把碎片分析了一下，感觉它们都是围绕着三个主题——艺术、生活和人——展开的。我很早以前读过苏俄作家伊利亚·爱伦堡的回忆录《人·岁月·生活》，这本书在上世纪60年代很有名，是苏俄解冻文学的代表作。我和一些朋友上大学时读到它，当时是作为内部读物的黄皮书。我想到，艺术、生活、人这三部分好像和《人·岁月·生活》有点对应，但不是根据它而来，也不完全重合，因此这个书名对我而言也含有记忆的成分。

傅适野：读这本书时经常觉得您记性很好，对很多细节如数家珍，尤其是一些童年或者青年时代的回忆。我很好奇您是否有记日记的习惯，还是说在这里事实层面的准确与否并不重要，因为记忆是一种主观感受，它必然包含错位、模糊和时序的混乱？

巫鸿：我觉得记忆是很有选择性的，对我来说不是所有事情都一样存在于记忆中。有些事好像在脑子里待了下来，没有消失或者沉到更深的地方抓不住，反而在记忆中越来越鲜活。我对地点和空间相关的事情记得比较清楚，记住的事往往和某些地点有关，比如天安门广场、故宫或者后海，脑子里会想到当时的景色，就像是一些图像；至于那些比较抽象的、不是很具体的东西,我就记得不是很清晰。因此我写的更多是一种感性的记忆,包括空间的、图像的、地点的、建筑的或者风景的,记忆中的人也都有自己的相貌、身体、脸、气味、声音,等等。我希望文字风格也能和记忆产生互动,希望文字能传达出我脑子里的记忆。用什么样的文字来写是一种选择,论文、日记、报告、小说都不一样;选择呈现记忆的文字风格或写作方法,也是一种实验性。

记忆的准确性对我来说不是最重要的,我认为记忆写作的前提就在于,人的记忆都是不准确的,是主观上的再感受,关键在于它对写作者本人是有意义的,是仍然鲜活的。所以我在《豹迹》里也写了这样一句话:记忆是现下的我追寻或发掘往昔的我。

张之琪:我最近在霍华德·艾兰和迈克尔·詹宁斯写的《本雅明传》里读到一句话,"旅行应首先从我正要书写的日记中成为其自身",写作的任务是让发生过的一切第一次成为实在。对您来说,写作与记忆相关的文章会有类似的感受吗?记忆写作是一种对已发生过的现实的再现,还是让已发生过的东西第一次成为实在?

巫鸿:记忆写作是已经发生过的现实的再现,它不完全是虚构,总有一个原始的点,这个点是生命中的一个现实,甚至连你做的梦也是一个发生过的现实,你可以去回忆自己的梦,它不是凭空的,也不是在根据别人的事情写小说:把这些写下来就是我所说的"记忆写作"。"记忆是一个实在",从本雅明的这个角度上看,脑子里的或口述的记忆好像不是真正存在的东西,它们会消失,在这个意义上,写下来也可以说是第一次成为实在。但我觉得,脑子里的以及和大家聊天时谈的记忆都是实在,那是一种游移中的实在,一种在时间中发生又消失的存在,非常短暂,非常飘忽,文字把记忆具体化甚至绝对化了。想到这里我感到挺有包袱的,这意味着我把一个故事写了下来,放在了《豹迹》里,将来我就不能再讲它了,一是没什么必要,好像在重复自己的东西,二是如果同一个故事讲的版本不一样好像也不对。在这种意义上,这种文本化的记忆写作确实变成了一种很固定的存在。

这种固定实际上也是记忆的终点、记忆的坟墓,每个艺术家都面临这个问题。记忆写作不是历史性写作,而是接近于艺术创作或者再创作。我说过记忆像影子一样,一个身体可以产生无限的影子,它是鲜活的、游移的、可以变化的,但记忆写作就好像把当下的影子画出了轮廓,甚至涂黑,把它固定在了画布上,做成了剪影,记忆由此也变成了一个作品。所以,记忆写作和记忆本身总是相互关联又彼此矛盾。

02 / 学术之外：如何书写无法掌控的感觉

傅适野：在第一篇《豹迹》的"按"中，您说这是一篇想象性的回忆，"其中提到的时间、地点和历史都无足备考，但传达的却是一次实际经历中的真实感受"。这似乎也道出了虚构创作的一大要义，虚构意味着转化——用作家埃莱娜·费兰特的话来说，文学的效果是"用精心编织的谎言来说真话"，虚构不意味着时间、地点或事件的真实，但意味着一种情感和感官上的真实。在写作时，您如何处理真实和虚构之间的关系？

巫鸿：回忆既是真实的，又不完全是过去百分百的再现，它本身含有真实的情境、真实发生的现象或事情，但也有不断创造的部分——你每次回忆起某件事情，都是无意识的再创造。有点像是影子，你自己的身体每次投下的影子都不太一样，这种变化就对真实性提出了一个问题——真实性能变化吗？但记忆无疑是可以变化的。这种真实和虚构既互相依存又有些矛盾的关系，是记忆本身的性质之一，我们在书写时就要思考怎么把这两个东西放在一起。

《豹迹》里的一些文章，特别是同名的第一篇，就用一种比较明显的方式体现了这种关系。开篇是一个虚构的时间（1902年），故事本身有虚构性，但当时在佛教石窟里受到的震撼以及后来生病过程中的很多幻想又是真实的，是我曾经真实感受到的。所以，我是在一个有些虚构的框架——包括时间、地点还有小说性的故事框架——里，把实际的视觉经验、心理经验作为素材来写。我觉得记忆提供了一种非常有意思的场合，让我们来发掘所谓的虚构和非虚构的关系。

我们现在把文学作品的类别分得很清楚，什么是非虚构什么是虚构，这个分法就像所有分类一样，都是一种人为的构成。分类本身往往就有问题。我们所说的实验性和突破性，不管是艺术、科学还是其他学术领域，往往就是要挑战既有的分类。记忆写作的一个好处就是，它自然地挑战了虚构与非虚构的分类。

张之琪：《豹迹》读起来像是一篇游记，似乎也符合中国古代行旅写作的一些范式，这让我想到哈佛大学比较文学、中国古典文学研究者田晓菲在《神游：早期中古时代与十九世纪中国的行旅写作》（下文简称《神游》）里对于中古时期僧侣行记的研究，例如从地狱到天堂的上升过程、死亡和流亡的类比关系，等等。您会阅读这类行旅写作吗？《豹迹》有受到这类写作的影响吗？

巫鸿：对，《豹迹》有一点游记或探索的性质，有一种考古学家或者探险家的味道。这篇以我去新疆克孜尔石窟的经历为背景，写一个人到一个新鲜的地方，获得很多未知的经验。

我当然也看这种游记类的小说写作，年轻时候就看，中国诗文里也有很多，但可能没有对我产生什么直接影响，写《豹迹》这篇不是根据既有的作品或写作方式来确定的；如果有影响的话，可能更像是一种比较深层的、冥冥中的影响。比如我的专业和考古有关，和发现新大陆之类的不一样，考古的主要目的是发现历史上的东西，是发现过去的时间层次中的遗迹，进而帮助重写历史。

记忆写作与这种经验相关。记忆好像地层一样，过去被埋藏在一层一层的地层里，就如同《豹迹》那篇里写的，更古老的绘画被压在新的绘画之下。古老的一层忽然出现，有点像突然出现的潜意识里的东西，这些东西你自己之前不知道，有时候甚至让人害怕，比如会出现在噩梦里，但其实它们往往正藏在现实之中，藏在你自己的心里。

所以，《豹迹》也含有考古学的层次感以及心理学的层次感，我想它可能和这些背景或者学科都有关系，但又不能说是直接从那里来的。

傅适野：您刚才说的让我联想到您曾经做过的有关废墟和纪念碑的研究。如果对照《豹迹》这篇和您在《废墟的故事：中国美术和视觉文化中的"在场"与"缺席"》（下文简称《废墟的故事》）里的论述，会发现您写到的洞窟也是一个个"遗迹"，是一些"废墟的现场"。您提到宗教图像的生产和被消灭以及后人重新发掘时产生的情感震荡（从欣喜到狂怒），似乎也和您在《废墟的故事》中提到的废墟的"内化"相关，即对废墟的表现日益从外在的和表面的迹象中解放出来，而愈发依赖于观者对特定地点的主观反应。飞天引发了观者的美学体验,这种体验情感激烈,甚至接近崇高。在写《豹迹》这篇时,您是否有将其纳入废墟的思考框架?

巫鸿: 你说的都非常有意思。《豹迹》这篇回忆性的文章最后确实抵达了一种美学体验。开始的时候,文章中的"我"还是作为一个美术史家、一个考古学家,在做一种比较常规性、机械性的调查,这些事情是我作为一个学者常常要做的,比如收集很多资料、到原址去看、到美术馆研究,都带有一种科学性、程序性、计划性。但《豹迹》最后呈现出来的,是从按部就班的学者心态或工作习惯,进入了一种超越性的情感和心理经验,可能接近于"崇高"这种审美感觉,即美学中的 sublime。"崇高"不光是美,有时候也包含恐惧的成分。从学术层次进入美学层次,这是《豹迹》的一个中心线索。

这个线索对我来说蛮真实的,我确实是一个学者,但也是一个喜欢艺术的人。艺术对我来说不光是学术资料,它也对我的美学体验有直接的作用。这种作用并不是通过历史或者学术的道路实现,而是通过对艺术品的直接欣赏或者理解达到的。

因此《豹迹》中涉及学术经验和美学经验的转化和内在矛盾。最后,文中的"我"甚至希望毁坏这件艺术品,因为它无法被掌控。学术是一种掌握、一种控制、一种分析,当你不能掌控或分析,又当如何?这种矛盾也接近我自己生活中的一种持续存在的矛盾,它不是不好的,它就是一个客观的存在,代表一个人的真实。

至于是否要将《豹迹》纳入废墟的思考框架,我倒觉得不需要这样做。《废墟的故事》是一本学术研究著作，书里探讨了中国古代特殊的废墟概念，比如为什么中国古人不画残破的建筑物，但同时又有很强的废墟的概念，这看上去是自相矛盾的，因为我们从西方的美术看，他们表现的废墟常常就是残破的建筑，是坍塌了的神庙教堂；中国古人不画这些，但他们有很强的怀古意识，有一种"废墟美学"。这些问题都是在学术研究的范畴内考虑的，并不是在美学层次上再现它们，因此，《废墟的故事》和《豹迹》的区别，是学术写作和艺术再造的区别，两者不完全矛盾，只是对文化历史理解方式的不同。

至于《豹迹》这样从美学层次上进行探讨的文章，我设想的读者并不一定是美术史家或学者。我想探讨的是一种更加广阔的经验，读者是谁，如何阅读，将如何与这篇文章产生共鸣，这是我不能掌握的。这是和学术研究不太一样的地方，学术研究的读者是比较清晰的。

傅适野：讲到美学经验和学术经验可能需要不同的表达媒介来呈现，我也很好奇，作为一个研究者，同时也是一个美术爱好者，当您感受到情感上的冲击或强烈的美学震颤时，您能够区分这两种身份吗？或者说在您的写作和学术表达里，这两种感受是可以完全分开的吗？

巫鸿：我觉得不能完全分开，也没有必要完全分开。比如说《豹迹》这本书里的两篇文章《基督的血和玛利亚的泪》和《蝉冠菩萨》，谈的都是很具体的艺术品。特别是《基督的血和玛利亚的泪》，我有意地在进行实验，想看看回忆写作和学术研究能不能融在一起。里面很多东西都是我的学术研究的结果，但我尝试用一种不同于学术论文的方式写出来，把它变成生活经验的一部分。

这篇中提到的"小时间"和"微叙事"可以说是非常学术的说法，我在学术写作里也确实使用过这两个概念，但在写这篇文章的时候，我想做的并不是把学术研究和记忆写作分开，而是思考如何把两者联系起来，描述一个学术性问题在具体的生活中怎么出现、怎么吸引我，等等，经过多年探索最终也没有一个结论，其中的很多东西不必在学术论文中反映出来。但是在记忆写作中，我可以把学术观点以外的具体生活中的很多事情纳入其中。《蝉冠菩萨》也是如此。我对这两件艺术品有很强的美学上的反应，不论是视觉上还是心理上，它们对我都造成了很大的震动。

03 / 历史与记忆：
历史的人称是"它"，而不是"我"

傅适野：您刚刚提到，《基督的血和玛利亚的泪》一文提出了一个很精妙的概念，"小时间"。"小时间"并非标准化的时间，不属于日历和钟表所标示的宏观时间，无法通过量化被换算入年、月、日、时等各种时间单位。"它既断裂又衔接，由多个独立和平行的微小事件传达出来……它们是画家的独特创造，也只能由视觉方式感知。""小时间"也创造了一种"微叙事"，是当观者尽可能靠近画布时才能发现的。当我们带着"小时间"的观念去发掘图像中的"微叙事"，就会看到一幅非静止的画面，是"'过程'的视觉凝聚，其中的每个瞬间都被想象为前后时刻的连接和过渡"。

您在书中也写到，后来也将这一概念运用到了中国墓葬文化的研究中。在您看来，这一概念有普遍性吗？是不是对于任何一种类型的图像而言，只要我们观看得足够仔细，都能发现时间的痕迹？还是说它适用于某种特定类型的绘画，而对于其他形式的绘画而言，时间的流逝是通过其他形式（比如观看视点的变化）或者呈现形式的变化（比如卷轴、瓶画）体现的？

巫鸿：在分析艺术作品——包括绘画——时，我们可以发现"小时间"以及它所包含的"微叙事"。它并不是整幅画的宏观故事，而是里头微小的故事。"小时间"不是年、月、日、时这种时间单位，而是艺术家创造的微小时间里的变化。这种观念对研究具体作品是有用的，但是我不能说它具有普遍性。因为这种观念引导我们发掘的是一些特殊的艺术家对某些作品的特殊思考和创造，不是所有绘画里都有这种东西。

比如我在《豹迹》里写了魏登的画作《卸下圣体》，同样主题的画——把耶稣的身体从十字架上取下来——在西方教堂里太多了，成千上万，我不能说所有同一主题的画里都有"小时间"，而只能说，是这位艺术家对时间的表现方式让他讲了一个新的故事，这是他的了不起之处。但同时我也认为，这种表达时间的方式不是魏登这幅画独有的，其他作品也会在一个大的时间或空间框架中，被艺术家赋予和创造一些局部的微小的变化。举个例子，马王堆中有关于龙穿越玉璧的描绘，龙时而被锁住，时而穿行而过，其中有一个独特的叙事结构。这是美术史家发掘出的过程，这个过程本身就是一种特殊的创造，而非一种普遍现象。

如果脱离对具体作品的分析，而是将"小时间"和"微叙事"这两个概念放在更广义的时间框架里头，我们会发现在大的时间框架中有更小的叙事。正是在这种不断分段的过程中，学者可以不断发现"小时间"的叙事方法。

我最近写了一本书，书名叫《空间的敦煌：走近莫高窟》，书中虽然没有直接使用"微叙事"这个词，但是包含了这个概念。以往大家谈敦煌，都喜欢把洞窟放在一个很大的叙事框架即朝代时间中，从北梁到北魏，到北齐到北周，再到隋唐宋元。我们可以将其称为"大时间"，或者广义时间、朝代时间，但如果沿着比较细的角度，你会发现别的时间。比如有一种时间我称为"家族时间"，即有些洞窟是一个家族造的，一个家族的后代成员会对以前家族的洞窟有一个反馈，并体现在碑文和图像设计上，这就形成了一种叙事。这种叙事并不和当时的整个朝代或者政治产生关系，而只和自己家族内部的传统产生关系，我们也可以将其称为"微叙事"。从这个角度上也可以说"小时间"和"微叙事"这两个概念是具有普遍性的。

张之琪：《蝉冠菩萨》和《基督的血和玛利亚的泪》这两篇也有趣地构成了结构上的对应和内容上的互文，比如它们都是以"寻人"为线索的，并且直到结尾都不确定要寻的人是谁，或者是否寻对了人；二者也都是关于一件艺术品的，前一篇里是蝉冠菩萨，后一篇里是魏登的《卸下圣体》；文章的结尾都是您在与它们结缘许久之后，终于第一次亲眼见到它们。人与物的缘分最终在一个观看的现场中获得了实现，也获得了一个真正的结局；而人与人的缘分却始终在错位和失散之中，但同时又仍保留着一种实现的潜能。这是您对人与物的态度吗？

巫鸿：其实我真的没有想到这点，但你分析这两篇文章在结构或叙事上的互相呼应、一种镜像的感觉，确实非常令人信服。这不是故意的安排，所以它意味着什么我还真不太知道，也很难说这是我对艺术品或人的态度。

如果要讲我现下临时的想法，我觉得可能反映了我对记忆的一种看法——人的记忆总是不稳定的，有时候你觉得你记得是对的，其实不对，但这没什么关系。关键是你当时的感觉，当时保存下来的东西还是一个鲜活的实在。所以这两个故事主要体现的是我的记忆和艺术品的关系，艺术品是主角，其中涉及的人始终是第二条线索，而不是最关键的线索。

傅适野：您在《发现北京：场地的记忆》一文中提到，讲述北京故事有两条线索，一条是回忆性的个人叙事，一条是集合性的历史叙事，指向记忆的两个互相影响和纠缠的方向：个人记忆和集体记忆。个人记忆构成集体记忆的一部分，而集体记忆又影响着个人记忆。您如何看待这两者的关系？在现在的语境下，个体层面的记录和私人记忆能够对抗一种所谓正确的或权威的集体记忆吗？

巫鸿：对我个人来说，个人记忆是个体的体验，它是生活中的某个时间在自己脑子里的存在和变化，是非常个性化的，它当然会受到所谓社会经验的影响，但是在个人的生活经验或者变化里产生的。集体记忆是很多个人记忆的综合，而且，集体一定是有选择性的，比如是哪个集体、哪一代的人？举例来说，当时"老三届"这些上山下乡的中学生有一种集体记忆，但并不是说那一代所有人都是这样的，其中会有一个占据主流的集体记忆。

集体记忆的机制是怎么形成的？这是一个很值得思考的问题。集体记忆必然是由个体产生的，但不同个体的记忆如何变成集体记忆，个体之间的相互交流是怎么形成集体记忆，这种交流之中是否存在一个主导，甚至集体记忆是否可能为构造而成，这都是需要思考的问题。

在刚才你谈到的这篇关于北京的文章中，我把这种更集体式的叙事称作"历史"。历史是一种构成式的东西，历史的人称是"它"，而不是"我"。"它"是客体性的，而非主体性的。虽然"我"仍在其中，但它已经变成一个更广大更宏观的东西。但我觉得这类写作也可以叫作记忆写作，主体性和客体性的记忆写作是相互联系的，并非完全对立，也并不一定是互斥的。历史和记忆的关系，是学者们持续思考的对象。

《废墟的故事》里用了一节篇幅来谈历史和记忆的关系。比如用纪念碑来代表历史，纪念碑这么沉重、这么宏大的东西上刻着铭文，是盖棺论定的内容。而记忆不一样，记忆是不断发生的，它可以枯萎，也可以发芽，不断轮回，就像中国古代很多绘画所描绘的枯树寒林。

发掘历史与记忆的关系挺有意思，不是要采取一种非此即彼的态度，而是把二者放在一块去。在关于北京的文章和书里，我总是希望把这两个东西放在一块，既考虑它们的联系，又考虑它们的对立，包括刚才说的这种人称上客体和主体的对立，这也是一种实验性的写作和思考方式。

傅适野：这次聊天一个很大的主题是实验性写作，我们也能感受到您一直在尝试文体上的创新和突破。我们很好奇的是，您自己是一个小说的读者吗？您喜欢读什么样的小说？如果以后有机会的话，您会创作虚构作品吗？

巫鸿：将来是很难说的，如果我的兴趣引导我去写虚构性的作品，我可能也会去做，但目前没有这个计划。我喜欢看书，但不是整天读小说，大概年轻时看的更多一些。我自己对武侠小说还是很喜欢的；科幻也喜欢，对幻想性的史诗写作很感兴趣，像《三体》也属于科幻史诗，金庸的武侠也带一些史诗的概念。

陈丹青：人是唯一有时间性的动物，永远好奇我们曾经是怎样的

嘉宾：陈丹青

画家，作家，《局部》主讲人

2020年初，山西博物院首次展出四座北朝墓室壁画。那些埋藏于地下的、由线条构成的盛宴吸引着陈丹青，促使他和团队在意大利湿壁画之后完成了一场地下"冒险"。《局部》团队三次前往太原展场，进入地下墓室，实地拍摄陈丹青站在墓室壁画前的观察、考证与思索，完成了时长100分钟的《线条的盛宴——山西北朝墓室壁画巡礼》（下文简称《线条的盛宴》）。

时隔两年，当陈丹青再谈起这两期节目时，他先是间离，再是羞愧。间离是因为他在观看和讲述时，努力安放"我"的位置，既不是全然无我的，不带任何立场和判断的，也并非全然自我的，充斥着一个画家主观好恶的。羞愧则在于在节目制作完成之后，他读到了老同学、美术史家巫鸿的墓葬研究《黄泉下的美术：宏观中国古代墓葬》（下文简称《黄泉下的美术》），才惊觉自己"犯了一个中高级错误，把前提完全搞错了"。他还是在用一个现代人，或者说现代画家的眼光去衡量古代墓葬艺术。对于古代匠人来说，这些墓穴墙壁上的作品并非他们的自由表达，而是奉旨完成的工作。那时候的匠人既没想过留名，也没想过留画。

这种观看和理解上的错位促使我们反思当今博物馆和美术世界教给我们的那套观看价值，促使我们摒弃根植于我们头脑中的观看方式，"试着了解古人的内心世界"，并且不断被打动，被击中。陈丹青说，"人是唯一有时间维度的动物，永远贪婪地想要知道我们曾经是怎样的。面对古代艺术，我觉得最重要的是尽量诚实，放下我们今天受的教育，放下这个世界告诉你的关于艺术的种种说法。"

陈丹青也是这样诚实地面对同行和自己的。他坦言很喜欢大卫·霍克尼的性格和书籍，但很抱歉地指出他晚年的作品越来越差了。他也坦言，随着年龄的增长，自己在绘画方面的专注力大不如前，这让他感到沮丧。"我不太怕技术、手和身体的衰弱，我怕的是判断力衰弱。"但他又说，早就放弃判断自己了，也不想自我突破。谈到巫鸿那本墓葬研究时，陈丹青说自己"真想拿头撞墙"。这时，他的面颊红起来，一直红到耳根。

01 / 关于《局部》：假装无"我"，先用语言把人哄进来

张之琪：能为我们大致介绍一下每集《局部》的制作流程吗？

陈丹青：我先要知道每集《局部》的时长，然后确定解说词文稿的字数，因为是要念出来的。我嘴上走马不行的，走不下去，不像高晓松和罗胖。我写稿蛮慢的，一集至少十五天，什么事都不做，只写那篇稿子，其实也就3000多字。

我不查资料，因为我不是学者，也不会上网，会临时看点儿书吧。第一季是在完全没有经验的情况下做的，什么资料都没查，讲到的画家都是自以为比较熟的。因为不是学问家，我不太怕出错，错了就错了，懂的听众会自己判断。我不靠资料写作，我靠感觉。

不管音频还是视频，我认为都是语言节目，语言弄好了，节目就好。艺术谁都可以来说，永远不会有结论，我在乎的是语言要弄好。

冷建国：您写这份文稿的时候，是想象着对怎样一群人讲述呢？

陈丹青：最开始写作时，完全不知道，甚至没想到会有人看，但

是《局部》出来后，开始收到反馈，大约知道什么人在看，原来男女老少各种职业都有，警察、民工、看门的、小孩、家庭妇女、老头老太。我很开心，我就是为他们讲的，不是为画家和艺术学生。我一直渴望做件事，就是给"大家"讲艺术。

这时我得小心一件事：不要有大错。比如年代啊、地点啊，不要弄错，低级错误尽量避免。我相信作为一个画家的身份，还是有用的，好歹我也玩了几十年了。既不要太主观，又其实都是主观，我好像知道怎么用语言把听众勾过来，让人愿意听下去，这是最重要的。当你将一首曲子或一幅画变成语言，人们想听或者不想听，跟曲子和画的关系不是很大，人是被语言哄进去的。

张之琪：画家的身份会让您有一种更内部的视角吗？我看《局部》的时候会觉得您对于同行有一种同理心，很在意这幅画背后的画师在创作的时候是怎么想的，会站在画师的角度来想一些问题。您有这种自觉吗？作为画家您会有意识让自己讲得与美术史家不同吗？

陈丹青：不少画家喜欢出来讲话，但我不太听，因为画家讲话很主观，个人好恶太多。《局部》要做的很微妙，一方面不断代入自己，另一方面要离开自己。我可不能凭个人好恶讲。大量看（画）形成了经验，但某种偏爱肯定也起作用。比如我学的是西画，不画国画，但在纽约看国画时不断地被迷住。"共情"是共不了的，因为我不会用水墨工具，这时出现了一种距离，我跟我喜欢的作品之间其实是"隔着"的，就是这种"隔"，让《局部》不致掉入太主观的陷阱。

当然，节目从头到尾都是我的偏见，同时呢，我尽量装成好像是在我之外的某个人在讲。归根结底仍是语言的问题——语言弄不好就会变成自说自话，语言调理好了，会让人觉得是视频里这个人在说，但又并不仅仅是这个人在说，而是这个人带出一种"让我们大家一起来看画"的语言效果。

傅适野：要找到这种精准的语言、达到您说的这种效果，对您来说是一件困难的事情吗？

陈丹青：这是写作经验的问题。木心跟我说，写文章千万不要多用"我"这个字。我最初不太明白，后来慢慢变成写作的习惯。一篇文章里如果"我"的频次和位置比较适当，给人的感觉是不一样的。做视频时，我发现这一点特别有用，不要到处都是"我"，又其实从头到尾都是我，这个位置放好，就好说多了。

02 / 墓室壁画：巫鸿让我意识到，我犯了一个大错误

傅适野：您在《线条的盛宴》下集提出一个问题：这些伟大的画匠明明知道他们的作品不会被后世看见，还是极尽所能调动全部才华去完成自己的画作。片子里提到，这可能是古代与现代的一个区别，意大利湿壁画是不留画也不留名的，这些北魏画匠的心态也是如此，对于现代人来说这是一件很难理解的事情。这个观察很有意思，但我也好奇这是否单纯是古代和现代的区别？是否也有一些意大利或北魏的画师是希望画作被后世欣赏的，或者以才华换取功名利禄的呢？

陈丹青：跟你说实话，这个点我在节目里讲错了。我对中国古代美术的认知还是存在很大的问题，还是把它当成绘画美学来讲，目的是为了跟西方有所区别。古希腊的源头是雕塑，中国的源头是书法，《线条的盛宴》上集，勉强言之成理；下集写得很艰难，因为无法回答我自己的困扰。什么困扰呢？我知道，我们总是用现代人的思维、现代人的艺术认知，来看待古代艺术——（艺术家）要开展览、要给

人看、要表达个人性等,这些都是习以为常的价值。当我拿这个价值套回一千多年前的中古作品时,我知道是有问题的,但不知道问题在哪里,该怎么说。

做完这一期,巫鸿讲中国墓葬的书出版了(其实早已出版了,但我不知道),我非常建议看过我视频的朋友去看他的《黄泉下的美术》,可以大规模地纠正我的错误。读到这本书,我真是后悔。包括《局部》在内的这个系列做到现在,我希望没有太多低级错误,但这次犯了一个中高级错误,把前提完全搞错了。巫鸿让我认识到,我对墓葬艺术缺乏起码的认识。

巫鸿给我的第一个认识是,我们今天看所有古代作品,仍然难以摆脱美术欣赏的概念,但中古和上古的所有作品是实用的,小到达·芬奇为米兰新娘设计腰带,大到秦始皇墓或北朝墓,没有人想到这是艺术。对于"军区司令"徐显秀来说,他的墓葬是有严格要求的,皇帝的墓葬更不用说。各种级别的死者有各种级别的尺寸、空间,能画什么、不能画什么,都有严格规定,跟今天艺术主张的自由表达,完全两回事。

第二个认识是,我看了巫鸿关于墓葬艺术空间性、物质性的长篇论述,才知道自己太无知。比如徐显秀墓中右墙画着一头牛,左墙绘有一匹马,牛车是送主人进入墓葬,左墙的马,马背上没人,只有马鞍,等着驮送主人飞升到另一个世界,有一天他的灵魂会骑着马回来,身旁仍有护从、乐队、仪仗。通常情况都是牛在左、马在右,这在其他墓道里也会出现。这是非常重要的一个常识，可我根本不知道，只在发挥牛和马的线条画的有多美，现在我知道，不能这样看这些画，大家也不能这样看。

巫鸿是我老同学，四十年的友谊，可他好像偏偏要等我大错铸成才出版那本书，把我给气死了。① 要是在做这两集节目前通读他这本书，就会是完全另外一种讲法。

傅适野： 有尝试做一些修改或弥补吗？

陈丹青： 看完巫鸿这本书，真想拿头撞墙，一点办法都没有。我做的第一件事情，是和导演谢梦茜商量有没有办法修改，她提出能否以字幕方式把巫鸿的一些说法放进去，但我重读文稿后发现，他这么几句正确的话和我一大堆错的话没法放一起。第二件事情，是打电话给巫鸿，恳求他先看一看我的片子。他很礼貌地看了，说第一集对他有吸引力，做得有意思，看到下集时，巫鸿是非常好玩的一个人，他笑起来，说，"我一边听一边只能想，这是陈丹青在说"。我听他这么讲马上脸红，耳朵都热了。

聊了一阵后，巫鸿给了我一个非常好的说法。我的问题——那些工匠怎么舍得让自己这么好的画画完就埋掉，永远不被看见呢——是一个伪问题，这个问题在古代根本不存在。他们的画本就不是给人看的，而是给鬼神看的、给天界看的、给死者看的。巫鸿的下一句话很

---

①巫鸿《黄泉下的美术》首次出版于2010年，而《局部》第一季2015年才播出，如前文所说此处系陈丹青记忆有误。——编者注

有意思,他说,墓葬封好,掩埋,墙上的壁画等于是在放电影给死者看,就像电影院的门关着,死者坐在里面看电影。我一下就明白了,画的人会很开心:死者下去以后在看我的电影呐!这是非常伟大的事情,中国人对死后世界之虔诚,他们真的相信存在那样一个世界。除了壁画,你用过的东西,鞋子、手杖、帽子,你生前的一整个权力世界、物质世界和精神世界,陪你一起埋葬。你没死,你在墓穴里继续着你的生活、你的威权。

03 / 工匠与艺术家：我画过六百多个骨灰盒

傅适野： 在您看来，有没有一些艺术家或画匠单纯因为创作出了一件作品而欣喜呢？

陈丹青： 梵高从来没有办过画展，从来没有机会把作品挂起来给同行看，但他相信自己是天才，确信有一天大家会看到这些画，然后全世界会说起梵高这个名字。古代艺术家绝对不是这样的。工匠在当时的地位很低，没有"艺术"和"艺术家"这些词，艺术家在今天的珍贵和价值上的绝对性，在当时不存在。所谓美术史最伟大的作品，都是这些人创作的，而不是我们知道的名家。

我们已经无法知道一个北朝工匠、唐朝工匠、魏晋或汉代工匠在画这些画时到底怎么想的。我们说出来的，都是现代人的想法，但从画上可以看到，这位工匠画得非常愉悦，非常开心，像烧流水宴席一样，兴高采烈。必须知道一个前提，他根本不知道别的国家的艺术，也没有机会看到汉代墓葬艺术的样子——因为都给埋在地下了，怎能看到啊——他只知道同代人张三用线厉害、李四画马厉害，此外一无所知。这群工匠是专业的打工团体，我不太相信有宫廷画家、高级画家介入这种活儿。

张之琪：您在年轻还没有成为艺术家的时候，是不是也参与过一些任务类的绘画？我看到过您给陈逸飞的油画作品《黄河颂》写的一篇文章，说在他的画室里看到这幅画的时候，您对自己说"我也要画大油画"。

陈丹青：莫扎特4岁时，他爸爸请了乐手到家里演奏，他眼泪流下来说"I can do that"。所有艺术家、运动员或是干绝活的人都是这样，只要Ta有天分，Ta心里都有一种声音：我也能这样做！这是从古至今的人性。但我想说的不是牛×的事情，而是一些小的事情。

我做过工匠，画出来后，绝对不会想到拿去展览，这一点我能理解那些古代画匠。我在农村时给人画过家具，画过门面，画过冥纸，也画过骨灰盒。那时绝对不会想到将来我能进学院，更不会想到会出名，还会出国。但我画得很开心，因为画完了就有一顿饭吃，我可以不用下地干活。我为生产大队办的骨灰盒厂画过六百多个骨灰盒，在盒子边缘画青松白鹤、寿比南山，一分钱都没有。出国后我还给人画过碗，在唱戏用的木刀上画图案，好像又回到知青时代。

张之琪：画这些东西的时候，心态会与画自己的作品不同吗？

陈丹青：我知道这是个活儿，是应酬，跟我自己瞎画是两回事，但是当你拿着笔往上画，感觉是一样的，就像弹钢琴给一个公爵听和给一屋子老百姓听，虽然场合、任务、酬劳，都不一样，但我的手弹下去，感觉是一样的。

傅适野： 巫鸿老师在书里提到了墓葬的时间性、物质性和空间性，他把壁画比作给死者放电影，包含上述三个维度。对您来说，墓葬的吸引力何在？

陈丹青： 这是我第一次讲墓葬，有人问我怎么对墓葬有兴趣，其实不是，我不是考古学家，我的兴趣还是在画。巫鸿大规模纠正了我，我现在完全接受他的观点。他认为，各国博物馆的墓葬艺术品是分开放的，这不对，所有东西必须还原到那个洞穴里，什么该放北面、该放南面，什么该放第一层棺材、第二层棺材，咱们今天追认它是一件艺术，一个必须完成的仪式，要恢复古墓极其复杂的构成。

但事实上不可能了。我们不断地被博物馆陈列提醒：你看，这陶罐做得多好，这残片画得多好——全是错的。墓葬不应该这样看。它是一件整体的"艺术"，就像今天的当代艺术，是一个复杂的装置，一个呈现观念的空间，每样东西的放置都精心构思，才能达到想要的效果，这在古代是无比郑重的事情。

傅适野： 您刚才提到自己出现这样的错误，是因为无法站在古代人的视角上看问题。我们看不同时期、流派的艺术品的时候，都会有这种视角的错位或缺失，有什么（避免的）办法吗？

陈丹青： 这也可以延伸到意大利壁画。我在之前的《局部》中谈到，意大利教堂很多高处的壁画隐在黑暗中，要是不爬上去，把它照亮，人们没机会看到画师画得有多好。巫鸿给我的启发延伸到这个领域，我这才明白，无论敦煌莫高窟暗处的画，还是意大利教堂非常高的穹顶上的画，本意就是不让你看清楚，那些按照严格规定或者经过精心设置后的图像，本意并非让人欣赏，只有这样才能达到宗教的神圣感，神秘感。

必须全盘改变今天博物馆世界和美术学院教给我们的观看方式，明白了这一点，就打开了进入古代艺术的另一个维度，才有可能试着去了解古人的内心世界。其实也不一定是现代人和古代人的区分，而是我们在今天有幸因为考古和种种媒介，看到几百年几千年前的艺术，面对一个我们不了解的东西，我们却被打动。人是唯一有时间维度的动物，永远贪婪地想要知道我们曾经是怎样的。面对古代艺术，我觉得最重要的是尽量诚实，放下我们今天受的教育，放下这个世界告诉你的关于艺术的种种说法。

04 / 作为画家：我始终在等自己的画变得陌生的那一刻

傅适野：借用陈嘉映提出的"感知"和"理知"两个概念，我们在面对美术史的时候常常是"理知"的，要先学习一些词语、概念或脉络，但我慢慢觉得感知比理知更重要，亲眼看到艺术品时身体感受到的震撼、惊诧甚至起鸡皮疙瘩，这种身体的经验比那些宏大的词汇更加直接和切实。您去意大利或我国古代墓穴里看壁画时，是否也会有这种身体上的震撼？

陈丹青：这只是词语上的区分。当我进入一座博物馆，或进入徐显秀墓，感性和理性同时被激活，我很难分辨哪一部分是感性的、跟我的身体有关，哪一部分是理性的、跟我的脑袋有关。我无法区分，也不会区分。在《局部》里我想把这些混在一块讲，我相信我的讲述既有理知，也有感知。好的感知会带来理知，或者已经包含理知。你看得越多，所谓"理"的那部分也在慢慢生成；一个好的理知一定带着感知，我相信一篇好的理论文章、理论分析，充满感性，会带你更好地感受事物。理知和感知是 work together（共同作用）的。

冷建国： 那么做《局部》有反过来影响您自己的艺术创作吗？

陈丹青： 我不愿分开感知和理知，但我愿意分开《局部》和我的画。完全两回事。我一画画就进入傻×状态——有个比喻很多人用过：画画有点像做女红，一针一线往下做，不用动脑子。我画画时可以打电话、听音乐、跟人聊天，同时很专心地画某个部分，看画没画出效果。

我告诉你，只要一开始画画，就进入几十年下来的经验领域。真的是在干活，但是跟木匠和泥瓦匠又不太一样，因为绘画有所谓精神性、灵性，可是你很难分辨。一笔一笔往上涂，忽然有一笔就对了，也可能画一百笔，怎么都不对，只好全部刮掉，不要了。做《局部》是个活儿，得拿出去播的，限定了时间和格式；画画不是这样，你的经验再丰富，还是不知道今天顺不顺。

傅适野： 您最近在画什么？

陈丹青： 我最近在画一堆将来都会刮掉的画，试试跟以前不同的东西。我有点讨厌我前一阵画的画，但不会想什么"自我突破"，突破个屁，你画半天拿出去，人家一看，还是"陈丹青"，"哎呀，画得真差！"突破、超越，都是陈腔滥调，你保持做，如果运气好，有一天，有一个时刻，忽然你画得让自己陌生起来，"这是我画的吗？"我在等这一刻，但这一刻也许不会来的。

张之琪： 一天下来都画得不顺，会心情不好吗？

陈丹青：年轻时画不好会影响心情，现在不会了。破罐子破摔。拉倒。算了。无所谓。但心情不好时，一画画，就平顺了。很多人没心情就不画画，我心情再坏，挤了颜料，开始画，画着画着就顺了。老了嘛，情绪管理没问题，画画是一个程序性的、操作层面的事情。

傅适野：变老会让您画画的体力下降吗？

陈丹青：画画的时间会缩短。我中年时一天画十个钟头都没关系，不怎么累，现在大概五小时。眼下我还能站着画画，比较沮丧的、明显跟中年青年没法比的一点是，凝神专注的时间一年比一年少，这是很绝望的。我现在非常明白很多人的晚年作品为什么是那个样子，比如毕加索，其实是专注力不够了。

张之琪：这也是我们一开始探讨的作为画家的不同视角。如果是美术史家，可能会说是艺术家晚年又经历了一次风格的转变，但您的经验其实是画家晚年的精力不足够了。

陈丹青：美术史还是有用的，它会告诉你一些画家自己意识不到的东西，因为没有一个艺术家真的知道自己在干什么，尤其不知道究竟干得好不好。艺术家对自己的判断绝大部分不可相信，因为 Ta 正在自我的中心，被幻觉包围。隔二十年、五十年、一百年，别人怎么看 Ta 的画，Ta 的画在后人眼中是什么状态，艺术家自己不可能知道的。如果足够幸运，后人会看 Ta 一眼，大部分画家死后就没价值了。你别以为一个画家在当代很有名，将来会一直有名下去，后代会用别的眼光去看 Ta，Ta 会被淘汰，被遗忘。相反，梵高到死都没人在乎他，可是此后一百年，人们越看越觉得好，十九世纪晚期的画家，没人比梵高耐看。

所有被展示的画都落满了后人的眼光和见解，但是跟画家在画这张画时的感受完全不一样。微妙的是，画家赋予这张画的一切如果真正有意思，那么虽然后世的看法不同，人们仍然会被打动。

傅适野：我们最近都读了大卫·霍克尼疫情期间在法国诺曼底与批评家马丁·盖福德的对话集《春天终将来临：大卫·霍克尼在诺曼底》，十分振奋。不仅是因为霍克尼相当高龄仍孜孜不倦创作，九旬仍孜孜以求每天有一点点进步，也是"设法在日益贫瘠之处寻求更多丰富性"。

陈丹青：我喜欢霍克尼的性格，他很开心，也很健康，但是他越画越差，sorry，和我一样。他的书很好，每本我都会看，虽然我不完全同意他的观点。他早年和中年画得好，舞台布景画得最好，但晚年画的风景和树木不好。人老了总要捣鼓一点东西，一边捣鼓一边嘟嘟囔囔，that's fine。

我比较在乎的是判断力，我不太怕技术、手和身体的衰弱，我怕的是判断力衰弱。但没有画家能正确判断自己。我早就放弃判断自己了。这一刻，你认为自己的判断对极了，但没有理由可以支持你，因为都是自我的幻觉。

约翰·伯格写《毕加索的成败》，非常有说服力。伯格说，晚年毕加索的才能和诚实都没失去，但是他被崇拜他的人包围，成为一个符号,他真正的问题是他不知道"画什么"。他毕竟还是个具象画家,不管是什么派别风格,可辨认的形象在他的画里还是很重要。这时他要解决一个问题:不是"怎么画",而是"画什么",毕加索晚年不知道如何解决这个问题。

冷建国: 画什么对今天的您来说是一个难题吗?

陈丹青: 对所有具象画家来说,"画什么"都很重要。现代艺术想把绘画的大问题引向"怎么画",差不多从1900年塞尚那代人开始,重要的就是"怎么画","画什么"不重要——我画个苹果,它不是苹果,它只是展示我的颜料和手法怎么对待这个苹果。可在19世纪以前,"画什么"和"怎么画"是捆在一起的。现代主义不是放弃了"画什么",而是把"怎么画"变成了核心价值。

到安迪·沃霍尔和波普艺术,又带起一个"反动":又回到"画什么"这个问题——我就画罐头,就画梦露,就复制几十张一模一样的画,怎么啦?!他回到了一个不关心"怎么画"的阶段,因为早期现代主义任务弄完了,已经有太多流派衍生太多方式,都被呈现过了。我到纽约去的时候正值新表现主义兴起,很多流派出现,都开始在"怎么画"的同时,关注"画什么"。比如安塞尔姆·基弗开始画荒原,画历史记忆,画种种"二战"后被故意搁置的命题。

傅适野: "画什么"和"怎么画"跟时代变迁也有很大的关系。您在节目里提到,北魏是一个充满战乱和分裂的时代,后世回看北魏时可能更注重战乱的部分,而忽视了文化的变迁。面对时代的变迁,当下的艺术家会选择画什么、怎么画呢？又会有怎样新的东西出来？您怎么看艺术与时代的关系？

陈丹青： 艺术家跟 Ta 活着的时代什么关系，这个时代怎么塑造 Ta，怎么跟这个时代合作或者不合作，是个永恒的问题，每一个朝代，每一个时期，都不一样。我非常不愿意进入一种陈腔滥调的话语——唐代是盛世，北魏是动乱，明末是腐败，清末是萎靡……要回到作品本身。假设你手里拿着一幅北魏的书法，东晋顾恺之的长卷，你非要到里面找动乱，找门阀，你找不到的。我相信，艺术最雄辩就在这里，你赋予的所有解释，在作品里可能都是问题，艺术不作声，它告诉你 I'm here（我就在这儿），"我"不像你们说的那样，但"我"到底是怎样的，你们仔细看吧。无论如何，可能没有一种解释能够真正抵达一件艺术品。

所有画活得都比人长久，问题是，活得长又怎样？放在仓库里也是活着，放在展厅里也是活着。作为物质，这幅画仍然存在，但所有被展示的画都落满了后人的眼光、见解、看法、说法，都跟画家在画这张画的时候完全不一样。微妙的是画家赋予这张画的东西，如果真正有意思、动人，即便后世的眼光和说法不一样，你依然会被它感动。北朝过去一千六百年了，壁画的叙事跟我们今天一点关系都没有，但我们一看到它，立刻被震撼、打动。被什么打动呢？就是画家描绘壁画时的那种高兴，自信，豪迈，都凝结在画面上。

王德威：把故事的前因和未来都讲下去，这是公民的责任

嘉宾：王德威

哈佛大学东亚语言与文学系暨比较文学系教授

在第五届宝珀理想国文学奖落幕后,随机波动与评委之一、哈佛大学东亚语言与文学系暨比较文学系教授王德威展开了一次期待已久的对话,这也是王德威老师第一次参与播客录制。以此次文学奖为起点,我们试图厘清华语文学的诸多概念和线索。如何重新定义南方写作,突破地理方位上"南方"的局限,将其视为一种全球图景中的动态关系?如何重新定义中国现代文学史?

此次对话的另一个契机正是王德威主编《哈佛新编中国现代文学史》在大陆的出版。他在书里书外始终提醒我们注意"文"的开放、丰富与多元,其范围远远超出所谓四大文类,而是自然或人工的痕迹,是文化和教养,甚至是政治理想的投射。文学史因而有可能超越国家和民族的疆界、正统历史的束缚、文学体裁的划分,呈现出星丛图般的开阔与喧哗。这种视角也给了我们一种坐标系的参考,是"南方之南",是身份交织,是在局限中寻找无局限的起点,是"总得做点什么"的冲动与意义。

在此次聊天中,王德威老师出人意料地将汉娜·阿伦特与陈寅恪的思路并置,让我们看到故事与公民社会、过去与未来之间的长线——陈寅恪的"痛哭古人,留赠来者"和阿伦特所说的公民社会中人与人的相聚,都敦促我们将此时此刻写下,并期待故事可以指向更美好的公民社会,"在一个传承的脉络里,去延续你对文明、文化、文学的期许,你的失望、你的兴奋、你的怅惘和你对未来的展望。"

01 / 轻松一刻：1350 度近视，idol 不是王嘉尔

傅适野：之前我们听哈佛的朋友说，您特别喜欢王嘉尔，这是真的吗？

王德威：这是一个美丽的谣言，我要解释一下。我教一门大学通识课程，涵盖当代传媒和各种流行现象，有一次我们讨论 Rap 和当代流行音乐形式，我在 YouTube 上找到了一些，那天我播放了四段视频，下课了我看学生要走，就说我还有一段非播完不可，这一段他们印象很深，以为是王老师对这位歌星特别有兴趣，所以非要让大家留下来看完才能走，其实不是的。大家要塑造这样一个传奇的故事，王德威居然也追星，我觉得很光荣。事实上，我追的星是很老派的，我对京剧特别有兴趣，你们要问我最喜欢的明星是谁，我会说于魁智和李胜素。认为我喜欢王嘉尔也很好，让我跟时代一起向前进行。

冷建国：我们见面的时间是 2022 年 12 月，您这一年到现在一共看了多少本小说？

王德威：这一年比较特殊。我参加了宝珀理想国文学奖的评审，

参赛书籍的总量是 67 本，这 67 本大致都看了。除此之外，当代小说或广义文学的生产机制这么快速，是很难追得上的，每个月能看上两三本都算相当不错了。我们还有其他工作，教书、研究、行政，等等，时间是零碎的。我的确会大量阅读当代作品，但一年通常也就二三十本。

冷建国：王德威教授的眼镜度数有多高？

王德威：1350 度。我不知道中国大陆的眼镜度数衡量方式是否一样。重度近视也是一个无奈的代价。

傅适野：我俩最近也深受眼疾之苦，请问您有什么保养眼睛的方法吗？

王德威：没有。我其实同情你们，因为我自己深受其苦，前些年也考虑过各种医疗方式，后来运气很好遇到了一位台湾眼科大夫，他劝说开刀等方式只是治标，也跟我提到了重度近视和视网膜之间的关系以及开刀的风险，等等。他提出了一些最基本的建议，比如把心态放宽、承认眼力的局限、累了就休息等。如果不从生活习惯来改变，可能眼睛的保养不是一件容易的事情。

冷建国：既然王德威教授提到 idol 不是王嘉尔，那我们就把下一个问题换成：如果于魁智老师出书，请您写序，您会答应吗？

王德威：肯定。我是一个不可救药的京剧粉丝。如果中央电视台 11 台戏曲频道举办粉丝比赛的话，我相信我应该可以得奖。我非常注意京剧界不同的行当、不同剧团的演出以及这些演员的状态。我在台湾也非常痴迷京剧演出。当家老生唐文华先生此前出书找我写一个介绍，我真是受宠若惊，很努力地写。

冷建国：您个人非常喜欢但说出来常常让别人大吃一惊的作品是哪一部或者哪几部？

王德威：这个问题我曾在不同场合回答过。我个人觉得，在整个20世纪的文学史上，尤其是小说这个文类，最被忽略的是路翎。他1942年完成、1948年出版的《财主底儿女们》，是一部关于一个南方家族没落、子弟四散，各自做出不同情感和政治选择的大型史诗性小说。

路翎开始写作时还不满二十岁，这部作品近八十万字，写出来之后寄给了当时在香港的老师胡风，抗战中书稿寄丢了，当时没有存档，后来他又重新写了一部八十万字的作品。这是一部非常让我震撼的作品，除了青春成长的记录之外，也同时问出了一个非常重要的命题——青春与革命之间的关系，以及我们所必须承担的伦理的、思想的、行动的后果，等等。

一个二十岁不到的年轻作家能够有这么大的视野和历史抱负是令我敬佩的。路翎在以后的很多年里名不见经传，种种环境因素使然，没能进一步发挥自己的才华。今天文学史方面的老师和学生应该都知道而且会阅读这部作品，我们其实可以把这部作品的位置抬得更高，把它当作20世纪的重要经典来看待。

02 / 剖解"保守":走得更远才有更大期许

傅适野: 2022年11月,第五届宝珀理想国文学奖在北京颁奖,到场嘉宾都得到了一套王德威老师主编的《哈佛新编中国现代文学史》作为伴手礼。您此次做评委感受如何?以往一些评委会叫苦连天,因为要在短时间内集中阅读好多当代小说。但据说您平时就有这个习惯,而且长期关注和阅读海峡两岸暨港、澳的新人新作,这次的评奖经历对您来说是不是小菜一碟?

王德威: 倒也不至于是小菜一碟,因为67本小说的量摆在那儿,而且只有三个月左右的时间。作为一个专业读者,阅读新的有意思的作品是我工作的一部分。我个人的专业偏向现代文学,但对当代一直很感兴趣,因为它关系到整个文学流变的最新状态。所以这次我觉得机会难得,集中心力在夏天阅读了这些作品。

因为没有参与前面几届的评审,我很难断定这一届作品的水平是高是低。我觉得能够来参赛的作品都是有备而来,但整体而言,他们在创作风格和题材选择上基本还是保守的,没有太多让我立刻眼前一亮的作品，总体水准中规中矩，这是我个人的大致印象。

接下来就是和其他四位评审的意见交流甚至辩论，这个环节特别有用，因为我们每个人总有自己的偏见、有自己理想的小说题材或写作形式，其他评委不同甚至相反的意见会刺激我们进一步思考这些作品所形成的坐标图。最后选出来的这五本作品非常能反映五位评审经过缜密讨论之后的公约数。总体来讲我是满意的，最后也涉及了评委对于什么是当代、什么是小说、什么是小说跟社会的关系等比较哲学性的思考。

傅适野： 您说的"保守"是指文学作品的题材还是技法？

王德威： 两者兼而有之。在题材上，当代中国文学的叙事主流当然是写实现实主义，这个传统是可贵的，在今天仍有着非常强劲的势头，影响着不同阶层的写作社群。青年作者想加入这个社群，这样的写作风格是他们所熟悉和善于运用的。我注意到了地区式的写作题材的兴起，有好几本作品朝"南方"的方向而去；科幻已有盛极而衰的现象；在科幻之后，一些具有淡科幻或奇幻色彩的作品加入了写实现实主义，也蛮精彩。另外，在当代社会，女性，尤其是新兴的、有知识的中产阶级女性，到了某个年纪，要做出何去何从的选择，她们情绪上的波动、细腻的记录也让我印象深刻。

总的来讲，我觉得作者处理这些题材游刃有余，有相当的把控能力，可是我没有看到"好奇怪，这个题材他/她怎么选择了这种特殊处理"的作品，不论是在题材还是在形式上都没有特别惊艳的感觉。

傅适野：您看这些大陆青年写作者的作品时会有一个坐标系吗？比如一方面放入整个华语写作的范畴内审视，其中也包括台湾文学和马华文学等，另一方面也在更大的世界范围的坐标中来看这些作品。

王德威：的确如此。在中国大陆评选一部作品，当然会有一个社群约定俗成的期待，也必然有它的标杆。我既然是从海外来看这些作品，就希望把参赛作品放在更广义的华语世界里。台湾文学、香港文学、马华文学以及更广义的世界领域里的华语文学创作，曾经产生了许多颇具实验性、爆炸性的作品、尝试或议题冲撞，因此我觉得很多作品可以走得更远，更多参照已有的当代华语世界的经典作品，作者甚至阅读者或许都会有更大的期许——无论是对作品的期许，还是对自我创作的期许。

03 / 超越方位：南方是一种关系，是一种想象

傅适野： 在这次文学奖的评委论坛上，"南方写作"这个概念被多次提及，"有的作者喜欢从山川地物、风土人情进入，有的从聊斋、各种各样的中国传统幻想进入，这些都代表一个新的方向。"您也指出在台湾地区文学和马华文学的范畴内，"最近几年对于风土和环境，还有整个大的世代变迁、人跟环境的互动关系，逐渐成为一个很严肃的话题。"我记得几年前读台湾作家吴明益的《复眼人》，也体现了对于环境问题的一种反思。马华文学里面也有很多作品呈现了雨林的破坏以及当地被殖民的历史之间交错复杂的情况。在您看来，大陆写作者之所以还没有关注到这方面，或者这种写作方式和关切在大陆尚不成气候，原因是什么？

我个人的感觉是，当一个地方的资源有限，时刻要面临资源方面的生存考验时，人们会更多地反思人和环境的关系，不知道这个猜测对不对？如果是这样的话，在一个全球气候变暖、能源危机日益影响着人们生活的环境下，大陆未来会产生更多这类作品吗？

王德威： 首先，我需要做一个澄清，所谓"南方写作"（新南方写作）作为一种新的论述，甚至可以说是一个文化走向，其主要来源是人民大学的杨庆祥教授以及和他相互唱和的一群年轻学者，这应该是广东批评家陈培浩 2018 或 2019 年提出来的。到了 2022 年，广西的《南方文坛》希望把这个论述扩而大之，成为对于南方区域专业性文学的一种探索或观照，所以"南方写作""新南方写作"好像在最近几个月突然变成了一个重点。

我来自台湾，是南方的南方，对方位问题一直比较敏感，同时我也认为，这个方位不应该只是一个地理坐标的指示，我更认为南方是一种关系，是一种自我定位的自觉或想象，甚至是一个策略。当然，这就牵涉文学跟各种环境之间的互动，包括自然资源、文化习俗、风土，也可能包括社会政治的选择，等等，是一个"关系的集结"。而我觉得目前大陆正在推动的"新南方写作"似乎还没有意识到这一复杂的层面，所以我一方面感谢杨庆祥教授和几位同行来触动这一风格和概念，另一方面我也想提醒注意，南方写作不应被简单定位为广东沿海、福建、广西、海南岛或大湾区的文学写作，这仍是地理策略式的命题。

从地理空间来看，"南方"如果代表了一个广阔的、不断推衍的视野，下一个问题就是："南方"的南方是什么？"南方"以南又代表了怎样一种承诺、期许或是冒险？这届宝珀理想国文学奖的获奖作品是林棹的《潮汐图》，如果只把它定义为（地理的）"南方写作"，似乎有点局限,这是一个青蛙到全世界冒险的故事——"南方"应该是一种不断的移动,不断尝试去突破的某一种力道或一种想象的可能。在这个意义上,我觉得"南方写作"大有可为。

在以中国为坐标的世界、以亚洲为坐标的世界,以北半球南半球划分的世界里,"南方"是什么?"南方"是一个命题,而不是一个结论。海外视野中南方文学是一个更开阔的导向,不再以某个地区或地方作为唯一的书写聚焦点,它想象的话题是更广阔的关系,人与人、人与资源环境之间各种生成消长的现象。

我写过一篇文章来说明我的想法。我觉得这是一个关乎文学本体的话题,文学本来就是一个不断寻找未知的领域,一种想象的冒险和尝试:站在一个方位上,我们左顾右盼,然后看到了南方,看到了曾经被遮蔽的、神秘的、太广阔的南方,于是开始了我们的探险之路。

除了南方,我最近几年对南洋文学、支持马华写作花了很多的心力。我的老朋友许子东说我是"一厢情愿的浪漫",我很愿意变成一个这样的浪漫主义者。除了南方,我最近对东北文学也有很大的兴趣。我希望以中文为坐标的文学——无论是在中国大陆,还是中国大陆以外——都能够有广阔多元的面貌,让读者不论是用中文来阅读还是通过翻译的文字来阅读,都觉得怦然心动,都会感到这是一个丰富的、复杂的文明,承诺了很多未知的、不可知的想象的文明,是有活力的文明。文学承载着这样的功能,我所想象的南方或者我所想象的东北都是可行之道。

傅适野： 您的阐释对我们很有启发，我们不再以中心／边缘或南方／北方来做出文学上的划分，而是去看一种持续的、动态的关系。这是美国文学研究领域新近的一个趋势吗，还是您作为一个先行者在探索的事情？

王德威： 我觉得两者都有。所谓全球南方（global south）作为一个社会运动命题或政治命题，是最近二十年来比较文学界关注的方向。过去的文学研究基本上以欧洲（尤其是旧大陆的欧洲）为重点，从法国、德国、英国扩散到美国文学。我们在讨论的时候往往以为文学就应该这样，文学的话题离不开这些土地上的生老病死、穿衣吃饭。但在过去二三十年间，各种后学，尤其是后殖民主义的兴起，让我们把目光投向了所谓旧大陆以外的不同领域。南方命题"旧瓶装新酒"，古老的议题有了一个新的呈现，这次对南方的关注把很多批评者的眼光带向了拉丁美洲、亚洲南方或非洲，不同的命题导出了不同的文学定义以及评鉴方式。

然而，经过了学院之内的各种论述论断，新的全球南方命题很快就被泛政治化，变成了一种运动。一群在学院里的人，尤其是在北方包括欧洲、北美学院里的大家信誓旦旦谈着南方，其实都是坐在很安逸的环境里讲着高大上的进步话语。南方此时仍然是一个被指陈的标签、一个被欲望的对象，没有真正深入探勘的动力或是行动。这让我有很深的自我反省。难道我也是在北方学院里加入了进步知识分子话语行列，去关心这些我们日常生活中很难遭遇的现象吗？还是我应该更进一步地努力去探看这些领域的作品？在这样的动机之下，我选择关注东南亚的广大区域，不是介绍一两本书、一两位作家就够了，你必须对这个区域有所关怀，谦逊地看待这个区域里形形色色的人文现象、风土现象。

"南方"可以导向不同的层面，这是我个人的做法。对我来讲，做华语世界的研究有其目标性，我关心的是华人的命运与局限。那么除了华人的社群、场域或行动之外，"南方"就没有别的了吗？"南方"如果真的是一个复杂丰饶的现象，难道不应该更进一步探勘吗？这些林林总总的问题是自我批判、自我反省的开始。这个话题可大可小，我乐观其成，顺着现在大陆的南方，不论是文学界还是学术界，我们不妨进一步开拓想象力，去想象"南方之南"的可能性。

04╱ 不止文学：用最微小的证据营造文明的流动

冷建国：您主编的《哈佛新编中国现代文学史》中文简体版由理想国推出，我们读到后觉得跟之前看到的文学史著作特别不一样，全书以单篇文章聚合而成，文章体例之多元也让人耳目一新，不仅有评述、议论性的文章，还有虚构作品、媒体报道，甚至电影和音乐，比如某两年您选择的文本是贾樟柯的《山河故人》和侯孝贤的《悲情城市》，还有一年是崔健的摇滚乐；叙事上也并不着眼于传统文学史的宏大叙事，而更像透过一个小孔来洞察那一年里整个中国的社会状况。为什么会想要做一套这样的文学史？是否参考了哈佛大学出版社之前做的德国、法国和美国文学史的体例呢？

王德威：这本书是哈佛大学出版公司邀请我担任主编的一个以国家或文明为定位的文学史重写计划，从 1989 年开始，到目前为止，这个计划推进得非常缓慢，成果也很有限；已经出版的有法国文学史、德国文学史、美国文学史，接下来就是这本现当代中国文学史。

体例的确是哈佛出版公司设计的，原则上有一个编年的序列，但在选材以及时间定点的布置上充分呈现出了一种辐射的趋势。所以它有两种不同的结构：一种是非常聚焦的、向心的编年结构，另一种是辐射性的、扩散的、无所不包的结构，是一种对于"什么是历史"的形式上的探问，促使我们重新思考什么是文学、什么是历史、什么是文学史。在20世纪90年代，这样的文学史编法是受到了所谓"后学"、后现代、去中心等观念的影响。

哈佛大学出版公司十多年前邀请我做这套中国现代文学史的主编时，我蛮犹豫的。当时我觉得文学史在中国文明传统里是一个非常重要的体系，远远超过了西方人对文学史的认知，所以我自问是不是有能力来接手这样一个新的英文的中国文学史的编纂工作。另一方面，我又觉得这样一种编辑的方式，可以对当代中国文学史的形式提出一种新的对话。后来我接受了这个挑战，开始思考要怎么做，尤其是文学史结构上的策划。

我一方面当然受到了西方"后学"的启发，另一方面也更希望从我们自己的文明体系里，找出一种重新诠释文与文学之关系的新立场。我在编选的过程中不断提到，这部文学史编年的方式，其实把我们带回了古老的中国历史书写的编年纪事本末的传统，是《春秋》《左传》在当代的一个回音。

我思考的这个关键词是文学的"文"字。这样一种对"文"的重视，"文"的浸润，甚至是对"文"的崇敬姿态，在西方文学史上是看不到的，没有一个我所知道的西方主流文明，对"文"无所不在的意义给予这么大的心力，不断去描写它、设置它、政治化或非政治化"文"的位置，这是值得我重视的。

我不再局限于学院所强调的四大文类（小说、诗歌、散文、戏剧），"文"这个字在中国古典意义上代表的是一种自然或人为的痕迹，也是一种特别工整、精描细绘的装饰，有图像性和昭示性的意义；"文"同时也是一种文化和教养，一种政治治理的理想的投射。当然，"文"更可能是现当代西方文学所定义的一种以审美为出发点的文字上的实验，但如果我们回到中国古典对于"文"的开阔而多元的定义，就会立刻了解到，现代文学的所谓四大文类，其实是从西方移植到中国不过一百年的一种学科论述而已。

如果我们对中国传统文明有所敬重和敬畏，可以扩大对"文"的定义。在21世纪经历了不同的技术、人与人之间的关系以及整个的世界人文地理的变动之后，"文"应该已经有了不同的呈现方式，所以我选择了电影、动漫以及网络文本，作为一种尝试性的对话。这些都是我们今天思考文明的来龙去脉时所应做出的新的标记。

我的尝试可能是不完美或不完整的，我在书中开宗明义地说，这不是一套完整的文学史，跟主流学界教科书式的文学史有所不同，我也不期待它变成教科书式的样本，我希望做出一个"好看"的文学史，让大家觉得可以亲近，同时又有资讯性和审美性。

有很多读者指出了这本文学史跟本雅明的论述，尤其是"星座图"之间的关联性，它指向的是如何在满天繁星中归纳星座，这是没问题的。但我在导论中也提到，我的思想来源是钱锺书先生的《管锥编》。在大历史纷然坠落之后，后来者如何在废墟里捡拾碎片，以管窥天，用最微小的证据来映照一个更广义的文明的流动，不见得只能依赖西方理论才能够自圆其说，在中国的传统里，类似的感叹和观察一直都在。对我而言，钱锺书先生和沈从文先生对历史或文学史的看法，是这本文学史编写的理论基础。

傅适野：您提到从中国的文脉和传统里发掘一种思路，去阐释中国的"文"是如何发展起来的，也让我想到我们之前跟巫鸿老师的聊天。他的思路与之类似，也是从中国的观看方式出发，去发现非西方的观看的可能性。如果我在读书期间遇到这套书，我会进入一个更开阔的文学世界。

王德威：我们往往在中西方这样简单的对立之下，忽略了中国曾经作为一个广义的世界，作为一种非常复杂的文明，作为一个不断迁徙、不断变化、不断交锋各种各样可能性的集合，需要我们重新去理解，而不是把它一元化、简单化，把它作为西方世界的对照而已。所以我们必须有这样的自觉和自信去提出，我们所认识的中国文学和中国文明是复杂的，是不容许用一两句话说清楚的。这似乎是一个基本的道理，但是我们必须要常常去提醒在西方学院的同行或是学生。

傅适野：像哈佛这样一个权威高等学府主导新编的文学史，是否必然承担着对入选作品进行经典化的功能？您怎么看待这种经典化背后的运作，包括学术体制内的知识生产的机制和权力关系？

王德威：这是我们必须要诚实面对的问题。学院就是制造经典的集散地，尤其是在人文科学方面，对经典和各种标杆、各种脉络的重视就是我们的专业，无可厚非。我在这里不会一竿子打翻一条船，不会说经典不重要，用我所尊敬的萨义德（Edward Said）教授的话来讲，它是一个标杆，它必须在那里，作为我们思考的起点或者回归的终点，但它并非一个放诸四海而皆准的金科玉律。

它作为标杆的意义在于它的丰富度、复杂度、能见度。而我们作为文学教学者或研究者，在积极地寻找和树立这些标杆的同时，也要积极地反省、质疑甚至颠覆它们。这个过程听起来很容易，做起来绝对不是那么容易。因为任何经典背后都有强大的脉络，不论是历史传承的脉络、政教信仰的脉络，还是学科机制的脉络，这些脉络左右着新经典的起或落。文学史的研究者必须非常警醒地看待自己的位置，不妄自菲薄，因为这个位置毕竟得来不易，我们必须在这一既有的脉络和学院环境里继续对学术的探讨。另一方面，经典应该经得起时代的考验和质疑，我们的责任是去考辨经典的可行性和可信度，质疑经典的放诸四海而皆准的超时空的价值，这是文学研究者真正的义务。

除了丰富的文史知识之外，我们所凭借的是想象力，这是文学相对于其他学科的特权。不是胡思乱想，而是在经典所承诺和无法承诺的各种可能性之上，提出我们想象的空间。在这个意义上，文学史不应该只是一本教科书，它应该是一本能够引起思辨的手册，一本工具书，教你怎么去看文学，怎么去思考，甚至教你怎么去质疑某个参考资料本身。我们现在所看到的文学史的做法基本就是树立经典，从此十拿九稳，一了百了，这是我此次编哈佛现代文学史时有意无意想要去对话的一个对象。

05 / 国家之外：各尽所能，把故事讲下去

傅适野： 在历史的脉络里探讨了文学史的写法之后，我们想把话题稍微收束一下，回到文学和国家的关系。您在《哈佛新编中国现代文学史》的导论里也特别谈到，"以国家为定位的文学史是一种对大师、经典、运动和事件的连贯叙述，同时也是民族传统、国家主权想象的微妙延伸"。文学史离不开国家这个概念，不管是作为政治实体的国家，还是作为"想象的共同体"的国家，我很好奇，您在编这本书的过程中，如何把握文学和国家之间的距离？

王德威： 这是一个比较微妙的问题。首先我同意，文学史作为学院机制里生产出来的对文学来龙去脉的描述，的确与从 18 世纪末到 19 世纪中叶以来国家民族主义的兴起息息相关。我们现在所熟悉的文学史书写形式，是经由日本传到中国的一种西方的文学论述模式，这种论述的模式与特定的民族文化分不开。所以到了今天，当我们讲中国文学史的时候，首先浮现在脑海里的可能还是有着主权疆界或想象的地理疆界中的一群人用特定的民族文化符号书写出来的文学成果。

我觉得这个认知是重要的，不是一两本所谓"很特殊"的文学史就可以推翻的，这已经是学院里约定俗成的一种制度。在这个意义上，在可见的将来，这类的文学史还会继续被生产出来，尤其是在文学史大国。

我在美国学界这么多年，好像好久没有看到一本超大型的美国文学史出现了，那已经变成了一种古典式的操作范式。在中国的语境里，我们一方面尊重目前的学科建制，也尊重目前的国族想象和文学想象的连锁性，但另一方面，我们写"中国文学史"要怎么去定义"中国"呢？我在导论里尝试回答，所谓"中国"应该是一个非常丰富的文化的集合、文明的集合，我们现在所要做的是去强调"中国"这个词的延伸性、多元性和复杂性。

不论是沈从文式的对于中国服饰史的研究，还是钱锺书先生对于中国古典诗词的研究，所给予我们的中国想象真的是满天星斗，是一个非常复杂的、不断变动的流程。我们要在怎样的历史框架或环境里为中国定位是见仁见智的，但是我要强调，"中国"一词的来源也值得做一个福柯式的考古学的研究，复旦大学葛兆光教授的《宅兹中国：重建有关"中国"的历史论述》这本书在十多年前就给我们做了非常好的示范。我们必须把"中国文学史"这个概念本身历史化，变成对命名过程的一个非常严肃的考掘工作。在这个意义上，我们对"中国"的感受、召唤或思考就在无形中扩大了，这也是我编写的初衷。

另一方面，这本文学史原本是面对英语世界读者的，最初的构想是怎么去呈现一个复杂的中华文明的现代经验,所以它不应该是铁板一块的、教科书式的文学史。因为不管你写得多好,对于只有非常有限的中国文学知识的英语世界读者而言,都不见得能真正进入我们的话语和叙述方式里。

所以,我选择尽量让文学史本身就是一个文学的呈现,不论是在时间的编写上还是议题的设置上,我都希望它至少让我想象中的西方读者能理解到,中华文化和文明即使在现代经过了这么多波折和起伏,仍然在丰富地运作和运动着,这个文明不应该只是"鲁郭茅巴老曹"而已,它应该有张爱玲的声音、沈从文的声音,也有贾樟柯的影像、崔健的声音,等等。

傅适野: 您在书中提到,"1936年过世前的鲁迅如果出国,理应是中国民国作家;张爱玲1956年远走美国,入籍成为美国公民"。我们之前和研究张爱玲的黄心村老师聊天时也谈到,她的《缘起香港》突破了某个固定的民族国家范式,将张爱玲视作一个身份流动的作家,并将其作为研究张爱玲的一种路径。目前世界上发生的种种冲突和动荡,也让我们开始思考主权国家这个概念的有效性,它可能带来的疏漏,以及我们能否突破"主权国家"的范畴去思考和行动。

这也回应了刚刚我们聊到的"全球南方"的话题,现在许多学者或行动者开始有这样的尝试,突破某个国家公民的身份,去探索我们能否以流散者甚至难民的身份活下去,您觉得文学方面突破国家和边界的主张会给现实带来什么启发,或者会给您个人带来什么启发?

王德威：这是一个尖锐和艰难的问题。我们刚才所谈的什么是中国性、什么是中国文学，尤其在海外的我，该如何去界定我自己，以及面对着主权中国、文学中国，在各种各样的位置上所必须做出的一些折中选择，刚才用了张爱玲的例子，她的选择是在1952年到香港之后再到美国，这样一个不断流动的位置也说明了当时处境的艰难。

所谓"身份"，在我们现在的认知和言说的场域里，首先是国家主权的身份，但除此之外，还有地域、性别、社会阶级的身份等，这些都是缠绕在一起的。文学是和我们日常生活、穿衣吃饭息息相关的一种想象性行为，哪怕我们今天忙到没有时间读一本书，或者看一篇小说、诗歌，但光凭着我们每天所发送的各种信息（text messages），我们阅读和传播的各种主流消息和小道消息，这些由文字、影像和声音汇集的最广义的"文"的呈现，也是一种文学。在这个意义上，我们无时无刻不在思考和定位我们自己的身份。这是作为一个读书人、一个知识分子最起码的自我要求，但这些省思所形成的结果未必能够真正付诸社会实践。

至少在文字的空间里面，我们还有一种可以开拓的方法，一种想象的方法，让故事继续说下去。我特别喜欢汉娜·阿伦特的一种说法，在任何公民社会和公共场域里面，人与人相聚，总要给自己一个说法，我们为什么聚在一起？为什么我们今天在这里录两个小时的播客？为什么谈到了一些我们所关心的问题？这些人与人之间叙述的互动，对于汉娜·阿伦特来讲，都是一种story telling，一种讲故事的方法。

我们必须把这个故事讲下去，把它的前因后果、它未来的可能性都好好地传下去，这是一个公民起码的责任。对于阿伦特的说法，我深有所感。

在中国语境里面，我所尊敬的陈寅恪先生晚年听读（陈寅恪晚年目力极度受损，只能听读口述）了弹词《再生缘》(《论〈再生缘〉》)，或用了柳如是、陈子龙的诗词来写作他的历史感怀（《柳如是别传》），一个大历史学者转向了文学。其中有许多微言大义，也有很多不足为外人道的心事，但不论如何，对于陈寅恪而言，他有一句话是非常司马迁式的——"痛哭古人，留赠来者。"你必须在这样一个传承的脉络里，去延续你对文明、文化、文学的期许，你的失望、你的兴奋、你的怅惘和你对未来的展望，等等。

陈寅恪在1950年转向广义的文学的阅读，尤其是他读《再生缘》的经验给了我很大的启示。对陈寅恪来讲，他想要谈的当然是对一种文化身份的认同，一种对所谓"文明和历史的正确性"的追寻，而这个追寻又是何其艰难，而且结果未必如你所愿。你愿意在此刻写下你的所见所闻，用讲故事的方式把它延续下去，留赠来者，是因为你期待未来它呈现的可能，期待这个故事能够指向更美好的公民社会。

06 / 置身事内：理解局限，心怀期许

冷建国： 您刚才提到身份的多重性不仅包括国族身份，也包括性别、种族、阶级的面向，以及讲故事和公民社会之间的关系。我想起之前您在《众声喧哗以后：点评当代中文小说》的序言里提到，对于想要众声喧哗还是众口一心，其实我们已有一个共识，虽然众声喧哗并不一定能得出一个最后的共识，但也比一个社会只有单一的声音要好。我也想问一个关于这两年席卷西方文化界的取消文化（cancel culture）的问题，在您的观察里，它是否对华语文学和华语写作产生了影响？在您看来，"取消文化"是一种进步的趋势，还是一种对多元性的威胁？

王德威： 这个问题真是特别好，因为它纠正了我刚才那种阿伦特式的对于公民社会的期许和比较憧憬式的描述。取消文化正是代表了一种自觉的、不论是反制的还是自我放弃的冲动，有很多动机在其中。它的兴起其实是为我们指出，这个社会的沟通未必美好、完整和有效，但它居然能够成其气候，这也用一种很辩证的方式说明了，如果真的

可以"取消"某一种社会导向,它也未尝不是一种微弱的批判力量,只不过,它的结果不是事先可以预料的。

作为一个相当被动的学院里的老师或知识分子,它让我们认识到自己的局限性,让我们知道文化本身的批评力量或者这种反制的力量有时来自实践,当它没有发生的时候,作为知识分子的我们能不能让它有别的可能性?听起来似乎软弱无力,但作为一个文学研究者,我仍然相信想象力本身的重要性,它的动能或许爆发为你刚刚描述的取消文化的现象,也或许能成为一种除此别无其他的姿态。在今天我们的谈话里,也许可以想象的是,不断去寻找心目中"南方"的或"南方以南"的可能性的冲动——总得做点什么,总得让什么发生。

冷建国: 其实我们总是在随着整个世界的浪潮做点什么,我们也知道,取消文化大范围兴起的背景之一是全球的 #MeToo 运动。在报道和关注这个议题的过程中,我们作为亲历者也感受到了中国大陆和所谓西方在某些社会议题上有一种时间上的错位和阶段上的脱节。我们在此前的对谈中跟嘉宾谈到过,以这一运动为例,好像在大陆这边还没有充分去探讨对性侵、性骚扰的追责问题,就已经在担心是不是矫枉过正了,好像第一阶段的讨论还没有机会完全展开和深入,就已经因为看到比如美国社会到了第三阶段的反思而停下了在第一阶段的进步。我不知道这种错位是不是可以对应到某种世界文学中的现象?当您在美国社会研究华语文学时,对这样的一种时间上的脱节有着怎样的观察?

王德威： 对于错位的问题，我有一个自我矛盾的说法。一方面我当然看到了错位带来啼笑皆非、不可思议的结果；另一方面我也要说，这类错位的现象发生在各种文明和文化互相接轨、碰撞的过程中，既发生在中国，也发生在美国，也可能发生在英国。学院知识分子，如果别无所能，如果没有能力离开校园从事任何社会实践的话，我们至少可以坐下来思考，思考林林总总的错位现象所带来的结果。

美国各大高校，包括我们的系所，都成立了包括性别和其他公民权利的委员会，制定了 EDIBQ (diversity, equity, inclusion, belongin, queer, 即多样性、公平性、包容性、归属性、酷儿性) 五大目标。你一方面会觉得，天，这也太教条了，每个系还要开会讨论办活动，是不是有点矫枉过正？但反过来想，矫枉就必须过正对不对？你必须用这种形式主义的做法来提醒那些真的很不敏感的同行注意，这是一个需要我们大家共同参与的现象。

我们当然希望在社会身份平等的认同上再加一把劲，但回到最古老的话题，每一个社会都有它的历史包袱，怎么在这个包袱里面去筛选你的优先度 (priority)，我相信这对每一个社会都是艰难的考验。就文学研究来讲，怎么样去提醒欧洲中心主义的同行对亚洲文学的重视，或是在亚洲文学里对中国文学的重视，又或在中国文学之外对广义的华语语系、华语世界文学的重视，没有一样是简单的。所有这些关于身份、关于位置的奋斗是在不断进行的，我不能置身事外，这是我的结论。就算是作为一个知识分子，我们缺乏发声或实践的通道和勇气，至少在自我对话、自我质问的时候还是有余地，我要问我自己我做了多少、我能做多少。这是一个非常微薄、非常谦虚的建议。

傅适野：这一届宝珀理想国文学奖的主题是"从此刻出发"，您主编的《哈佛新编中国现代文学史》也体现了一种历史观，您强调现代文学的演变没有现成的路径，是不可复制的，每一个彼时彼刻都是重要的，并且影响了此时此刻。在您看来，了解和研究文学史能够帮助我们更好地理解当下和此刻吗？还是相反——正因为我们理解了此刻，才能更好地研究文学史呢？

王德威：这是一个很深奥的问题，我恐怕不能很好地回答。就像我在这本文学史的导论中提到的，它是关于时间的，因为历史是人为地对时间进行衡量、思考、编辑的过程，不论是线性向前走或者向后退的，还是巡回式或者完全散落的。

阿甘本曾经谈到什么是"当代"的意义，对他而言，此刻永远不是当下，此刻永远在一个不断变动的过程里，你给出自己一个暂时性的定位，你必须有这个定位，才能够看到你所看不见的，才能去摸索或是规划你难以摸索或规划的。也就是说，当下的意义是你觉得你似乎已经掌握了你的周遭和你的世界，但是在你的周遭之外，在你所以为掌握的世界之外，又有多少你看不见的东西呢？

回到文学史这本书，在我呈现的这一百六七十个"坐标""星座"之外，在无限的看不见的漆黑的世界里，又有多少曾经一闪而过的彗星，或比我们所看到的更耀眼千万倍的繁星？在这个意义上，这当然是一个不完整的文学史,是一个以管窥天的有限的文学史,但是我想呈现那样一种想象,一种无限的期许,那才是做文学史的初衷。它在这个当下是有局限的,但在我的定义里,这个局限指向的却是一个没有局限的起点。

与孙歌对话：
从反思中来，向自由处去

嘉宾：孙歌

北京第二外国语学院特聘教授
中国社会科学院研究员

在 2021 年五四青年节到来之际，我们有幸与北京第二外国语学院特聘教授、中国社会科学院研究员孙歌老师进行了一次对话。这首先是一次"困难"的谈话，其中涉及很多她长期以来思考和探讨的困难的问题——如何转化而非挪用长期处于"临界状态"的冲绳人民的精神能量？如何突破与西欧列强对外扩张同步进行的对于普遍性的塑造，建立一种对世界格局的多极化想象？为何要主张跨文化首先发生在一种文化内部，而非两种文化之间？如何跳出简单的二元对立、在具体语境中理解民族主义和民族情感？在当下愈发简化的、非黑即白的舆论环境中讨论上述问题无疑是困难的，也需要巨大的勇气。

这也是一次既犹疑又坚定的谈话。犹疑在于孙歌老师继承了鲁迅"自戕式"的治学态度，将思考建立在否定之否定、反思之反思上，对定论保持怀疑，对主流保持警惕。坚定在于她一贯都在众声喧哗中时刻紧盯被遮蔽与被掩盖的，毫不放松，也决不妥协。这种坚定背后是对自由的追求和向往，而如她所言，这种自由绝非随波逐流或自私自利，而是在众人均说一面之词时至少保持沉默，继而思考和行动，承担更沉重的历史责任。

同时这也是一次鼓舞人心的谈话。在孙歌老师看来，身为女性知识分子，要斗争要对抗，但不要受制于对抗的对象。"抗争没有错，但是远远不够；如果我们没有自由的创造，抗争就没有意义，而自由的创造本身在很多情况下就是最有力的抗争。"

01／在"临界状态"下思考：
疫情、主权与冲绳的智慧

傅适野：2011年福岛核事故之后，您认为我们需要反思是否存在一种更节能的生活方式。但十年过去了，人类反而建了更多的核电站，更大规模地使用核能，这反映了常态和非常态的问题——当灾难发生之后，我们偏离了常态，但是民众、政府和媒体会用各种各样的方法去适应非常态，再很快地回归所谓常态。您觉得，在这种机制下，我们真的有可能做出向您之前呼吁的那种改变吗？

孙歌：我认为自己所做的工作很大程度上只是西西弗斯在不停地推滚下来的球，但是那个球永远推不到想推到的那个地方。我想这可能就是我们工作的意义，我写作的意义，你们做播客的意义。

人类社会除了物质的消费，除了贪欲和占有之外，是不是还需要精神生活？精神生活都不一定需要崇高，但我们总要有一点利益之外的追求。从这个意义上说，我们的努力是必须要有的。我相信每一代人在年轻时都充满了对美好事物的向往。生命更迭是非常快的，一代人今天还年轻，明天就老去了。在这样一个历史瞬间里，我们可以观察到那些属于人类的优美的情感和精神追求，这和我们现实当中看到的那些不如意，甚至是丑恶，存在于同一个空间里，存在于同样的有机体里。

在这个意义上，我的工作和你们的工作目标是一样的，我们不会立刻改变社会，我们甚至都没有能力改变别人的想法，但是至少我们可以把自己的想法告诉尽可能多的人。我们充其量不过是在人类精神里边尽可能增加一些不同的层次罢了。我不过高估计包括我自己在内的知识分子的工作，但是我认为这些工作是必要的，为了这种"无用之用"，我们很多人都情愿付出自己的一生。

冷建国： 2020年疫情期间我读了《从那霸到上海：在临界状态中生活》（下文简称《从那霸到上海》），您在书中提到，对冲绳的一些艺术家和知识分子来说，最重要的、可以做出改变的时间点已经过去了，但他们仍不断打破自我欺瞒的假象，不断创造新的思想和表现的形式，不断克服感知上的惰性，继续这种反思，把自己向前推。那年4月前后，我们的生活某种程度上也在一个所谓"临界"的状态，似乎也在逐渐把这种非常态慢慢地常态化，习惯疫情带来的巨大的波动。在经历了巨大的全球性的波折后，您对于"临界"或者"常态与非常态"有什么新的思考吗？

孙歌： 我已经经历了好几次所谓"临界"状态，第一次是SARS，第二次是日本的"3·11"大地震引起的福岛核事故，2020年疫情暴发是又一次，但这一次给我的震撼不是很大。我上半年基本上没有走出家门，时间不知不觉就过去了。我一直在研究20世纪50年代日本的一个事件，在这个事件里我了解了六位知识分子——一个加拿大人，五个日本人，他们在50年代经历了一个姑且说是"临界"的状态。事件核心是加拿大外交官赫伯特·诺曼在1957年自杀，围绕着他的自杀，五位日本思想者展开了一系列的思考。这件事的历史背景刚好是50年代美国麦卡锡主义的肆虐，非常有意思的是，在2020年，我又一次切身观察了解了麦卡锡主义。这一年让我意识到，原来人类还没有走出20世纪50年代，骨子里我们面临的仍然是"二战"之后最基本的世界格局。当然中国变了，美国也不完全是50年代的美国了，但我觉得人类社会的基本结构并没有发生根本性的改变，这是我2020年最大的收获。美国不再神圣了，就连我的日本朋友们都发出感慨："这还是我们想象中的美国吗？"这大概是全世界共同的收获。

傅适野：您刚刚提到20世纪50年代的事件，与您在文章和论述里的主权国家视角有关。对于冲绳的一些有识之士以及运动人士来说，他们不希望追求主权国家的视角，而是希望有一个球状的权力中心。如今，对主权国家这一视角的警惕更加值得探讨了，您怎么看这个问题？

孙歌：这个问题有几个面向。对于冲绳人来说，所谓不追求主权国家，是因为他们现在基本上形成了一个共识——不用暴力的方式来争取独立，他们不打算从日本分离出来，不打算建国，但是这不意味着他们认同日本。对于冲绳的社会活动家们，他们虽然有很多内部分歧，但有一个共识——假如冲绳独立的代价是必须引起地区性战争的话，他们宁可放弃独立。这是东北亚我唯一能够感知到胸怀这么宽广的地方，何况这里还是东北亚苦难最深重的地方。

但是对中国而言，情况很不一样。我们非常需要主权——主权这个问题有很多个面向，我们不能把它变成一个层面的平板问题，抽象地判断主权到底好不好，而必须要把它放在具体的语境里来讨论。一直到今天，为了让国家主权能够完整，中国仍然在努力。某些情况下必须坚持国家主权的原因是世界上仍存在帝国主义。如果这个世界大同了，其实是不需要国家的，甚至只要各个区域都能够尊重其他区域，主权就不那么重要了。但现在我们看到的是，弱肉强食的丛林法则仍然在世上横行，在这种情况下就需要我们坚持和维护国家主权。

整个东北亚的格局非常有意思，东北亚的任何一个国家都是不完整的状态。如果无视冲绳的意愿，无视美国军事基地内在于日本的话，日本似乎是一个完整的国家，但事实上它并不完整；朝鲜半岛是分裂的；中国有台湾问题。我们有不同性质的、和主权直接或间接相关的问题，这些问题都不可以用短平快的方式单刀直入地解决。

我觉得恰恰是冲绳人贡献了一个非常了不起的智慧——假如以地区性战争为代价，我们宁可放弃独立，这真的是一种了不起的胸怀，值得我们学习。它并不是绥靖的结果，不是扛不过去了就说点漂亮话、安心过日子。冲绳人心怀大局。唯一对福岛核事故处理方式进行持续性抗争的正是冲绳人，即使他们离福岛最远。冲绳人提供的这个智慧提示了一个重要的道理：主权并不是最终目标，最终的目标是人类和平。所以即使我们必须为维护主权而奋斗，也需要像冲绳人一样，明白主权对我们意味着什么。

02／要想真正在原理上讨论亚洲，我们必须重造普遍性

张之琪：我们现在面临的种种生存危机，比如核泄漏、新冠肺炎、空气污染和气候变化，都在挑战以主权国家为基本单位的思维方式，也在不断挑战人们对于"边界"的常规理解。在控制和处理这些危机的很多方法中，我们能看到这种思维方式是多么根深蒂固，是一种难以被一下挑战和超越的现实。另一方面这也蕴含了孙歌老师一直讨论的"普遍性和特殊性"的问题——当我们在谈一个人类共同面对的普遍问题的时候，其实它在不同地区的影响并不是均质的，甚至在一个国家内部，它的影响差别也很大，从这一点也可以深入孙歌老师长期从事的理论工作的脉络当中，即试图建立一系列关于亚洲的概念和亚洲原理来讨论这个问题。

孙歌老师的《主体弥散的空间：亚洲论述之两难》后来再版了，更名为《遭遇他者：跨文化的困境与希望》（下文简称《遭遇他者》）。您在新版序言中说，两版相差了十七年，其间您一直研究的亚洲问

题随着现实政治的变化发生了很大的变化。这本书初版的时候,"亚洲"这个概念在中国不太受重视,但现在,亚洲在中国社会获得了一种"公民权",比如"一带一路"倡议也让它有了现实层面的想象空间。序言还提到,要想对抗霸权,就要从自我否定而不是自我肯定出发。我在阅读序言和正文的时候可以感受到这之中有明显的历史纵深。您觉得亚洲问题在中国的语境下发生了哪些变化?作为一名理论工作者,您觉得紧迫性体现在什么地方?

孙歌:"普遍性"是一个需要重新界定的概念。现行对普遍性的理解——从若干个别性里抽取出相对抽象的同质性要素,然后把这些要素绝对化,再把它作为衡量个别性的价值标准——是非常皮相的,我觉得这是对黑格尔"世界精神"的一种庸俗化理解。在使用普遍性这个词的时候,其实有必要反思一下这个问题。

普遍性只是人类沟通的渠道,所以无论是以何种形态呈现的普遍性,都应该存在于人类之中,而不能在人类之上。但是现在通行的理论感觉有一个强烈的暗示:当你讨论了某一个个案之后,需要把它"上升"到普遍性。而这个上升之后的到达点,却往往是个抽象的概念,而且通常还伴随着价值判断。举个例子,比如没有人会反对"自由""仁爱"这类概念是普遍性价值,但是它们不落实到具体语境里就没有内容;不同文化甚至不同个体对这些普遍性价值的理解和实践都伴随着个别的条件,但是"上升"之后,除了空洞的观念之外,那些个别条件都因为不够"普遍"而被舍弃掉了。

在这样的操作中，我们的思维变得很短路。读一下现在那些核心期刊的论文就可以发现，很多论文对具体问题的分析最后都要归结到一些概念，而且往往是西方理论的既成概念。比如从"现代性"到"想象的共同体"，这些概念的内容原本是具体的，但是充当了普遍性模式之后，具体的内容蒸发掉了，剩下的是一些说法，可以拿来当结论，或者是修正一下原来的概念，这样也显得作者更有新意。

十七年前我写作那本书的时候，大家把西方的理论看成普遍的，十七年后这本书再版时，学界出现了新动向，大家把中国的观念看成普遍的，比如"理""仁""气"这些很难翻译成外语的观念，现在也被直接音译成外语了。这两者其实没有本质的差别，从前我们套用他们的，以后希望他们套用我们的，这种知识生产的成果相当有限。知识生产的价值在于，它能够帮我们去看那些我们没有"知识"的时候看不到的问题，而不是提供有限的知识点。

如果我们直接把一个抽象的范畴拿来，应用在我们具体的经验研究当中，经验研究充其量只是为这个范畴提供了一些材料而已。当然，这种通行的普遍性理解也并非全无意义，它可以帮助我们练习概括问题，但是我们为什么需要概括呢？很少有人追问这个问题，于是普遍性就变成了这样一个东西：第一，是经过抽象而来的同质性要素，第二，因为是从多样性中抽离出来的，所以凌驾于多样性之上。在我们通行的共识里，这样的普遍性被置于重要的位置，相形之下经验就变得不太重要了，好像经验不过是为了提取普遍性所预备的一些材料而已。可是仔细观察一下就会发现，其实人们在论述自己研究的普遍性价值时，基本上没有多少具体的论证，所谓普遍性这个判断，借助的是一种集体无意识，也就是学界流行的一些观念，只要跟这些流行的观念挂上钩了，那就算是有普遍性了。

在同一时期我发现，能够挑战这种普遍性理解的只有亚洲的经验，这是我在《寻找亚洲：创造另一种认识世界的方式》（下文简称《寻找亚洲》）里重点讨论的问题。我在不同场合和不同的人讨论亚洲问题时，经常会遇到的一个疑问是：亚洲是一个不能整合的对象。它由各种各样的、无法简单融合在一起的文明元素组成，而且它很开放。我们知道地中海也不能以亚欧画线整合，它还包含了北非和南欧，但它的一体性要远远胜过亚洲，这仿佛让我们觉得"亚洲"作为一个独立的范畴无法成立。

这是因为通行的对普遍性的唯一认识在干扰我们——假如不能抽象出同质的东西来，我们就认为它不具有普遍性，而不具有普遍性的事物价值就不大。在这种情况下，要想真正在原理上讨论亚洲，我们必须重造普遍性。更何况从思想史的角度看，对普遍性的同质性理解，刚好跟西欧列强对外扩张、把全世界划入势力范围的历史过程相重合。所以某种意义上我们可以说，抽象、唯一的普遍性也可以看成是欧洲对外扩张的意识形态。去掉这种意识形态内涵的抽象普遍性当然还是有价值的，但是远远不够。我们不能只有这一种普遍性。以陈嘉映为首的几位哲学家多年前就在倡导普遍性的多样化，这个努力非常可贵。

我们需要不断地从各个角度深化对普遍性的理解，让普遍性的内涵变得真实和丰富。

中国社会在这十七年里慢慢有了亚洲观念。这个观念对中国来说意味着一个非常现成的说法——"合作共赢"，它是一个多极化的世界格局想象，其背后的世界观我认为和另一种普遍性是相通的，这种普遍性非常低调、非常谦和，但作为一种媒介性的因素它同时也非常重要。

具体来说，亚洲这个开放的领域——所谓"亚洲开放"是因为我们说的"亚洲"可以包含其他洲的文化和社会，更何况西方早就内在于亚洲了——有一种能够让多样化的元素共存的能量，这正是另一种普遍性的基础。这种普遍性构成以亚洲命名的原理，却并不是地理意义上亚洲的独占品，它属于全人类。中国如果能够始终践行合作共赢的思路，这将是亚洲原理最好的体现。在这种合作共赢的视野里，每一个个别性不但是个别的，而且是值得尊重的，它没有必要抽象出什么东西之后就把自己当成药渣扔掉，它要让自己饱满，得到充分的发展，但是与此同时，它自觉地向其他的个别性开放。

我们所追求的普遍性，存在于不同的个别性相互开放建立整体关系的过程当中。要想充分发展自己的个别性，让自己发展得更饱满，有两种选择：一种是像美国那样搞美国优先，其他国家不跟着走就加以打击；还有一种是我要让自己发展，我也希望我的发展能带动你的发展，但是你不必跟着我、模仿我的模式，我们各自用各自的方式，同时我们相互沟通、相互联结。第一种是美国显示的一家独大的个别性，它不具有普遍性，因为它不对其他个别性开放，也不和其他个别性联结。我认为中国提出的合作共赢的理念显示了普遍。普遍性不是把中国模式直接扣到其他发展中国家的头上，而是当我和其他国家共赢的时候，我获得了普遍性。所以在这个意义上来说，我觉得今天中国倡导的思路是有未来的。我们应该在这样一个局势下，让它成为原理。

但我们社会上有很多反其道而行之的想法，比如"中国要取代美国成为世界老大""我们中国终于要扬眉吐气了"，我认为这是不健康的。虽然我们提出了"合作共赢"的口号，但它没有成为全社会的共识；它应该成为共识，只有这样它才是真实的，它才有生命，而这个生命一定通向一种新的普遍性原理。

03 / 跨文化不是发生在两种文化之间，而是在一种文化之内

傅适野：我的一个疑问在于，观念上的倡导跟实际上的实施可能并不同步，现实层面还是会有很多冲突，所以对我来说，您提的第二种是一种相对比较理想的模型。

张之琪：第一次读孙歌老师《寻找亚洲》的时候，我印象最深的是您说"以普遍性作为理解特殊性的媒介"，当时我单纯把它理解为一种理论建设层面的创新和发展，是我们可以用来处理很多学术问题的一个工具、一种方向。但在重读您的书后我产生了疑问：不管是学术层面还是艺术层面，这种普遍性到底怎么落实在具体的实践当中？比如您提到樱井大造的帐篷剧，它在不同国家演出的时候，会把当地的一些文化元素吸纳进剧本。包括您刚才讲到现实政治实践层面的应用，所以当现实中真正出现竞争和冲突的时候，要怎样避免过去旧的普遍性模型那种弱肉强食、完全排他的方式？

孙歌：理论如何落地，这是好问题，也是真问题。你们二位的疑问，其实都是在对理论落地的可能性表现出的疑虑。我理解你们的疑

问，但是我需要澄清一点：理论不可能直接解决现实问题，但是它必须改变人的认识，人是实践的主体，主体的认识有了变化，实践才能够变化。不过这样的变化并不是直线性的，也就是说，理论落地必然会转化成另外的形态。而且，理论落地必然要通过冲突才能实现。不存在理想化的模型；理论不过是改变思维方式的契机或者媒介。讨论第二种普遍性的时候，我特意强调这种普遍性是一种媒介，即它的独立存在没有意义，这是它和第一种普遍性的最大差异。我们通行的普遍性观念其实已经被打造成一个实体，它有的时候是理论，有的时候是意识形态，有的时候可以是强制的措施。但是所有这些脱离特殊性而独立存在的普遍性，只在极其有限的情况下有意义，多数情况下没有意义；不独立的普遍性需要借助其他要素才能够显现意义。只有首先把这个理论讲清楚，才能用它去讨论怎样避免旧有的陷阱。当然，我知道这个改变不容易，因为已有的普遍性理解伴随了某种潜在的思维强势，这不单单是理论和概念的问题。可是假如我们都不去做认识上的探讨，只是一味地怀疑新的思考是否可行，那这个世界就只能在旧有的框架里打转。冲突是不可避免的，其实只有经过了冲突之后，才会发生真正的改变。

我刚才说，第二种普遍性是不能够独立的，它借助于个别性向他者的开放才能呈现自己的意义。举一个冲绳的例子。20世纪60年代越南战争的时候，冲绳百姓去美军基地示威，他们示威的目标非常具体，就是干扰美军让飞机无法起飞。当时冲绳的活动家说，我们拖住美军一天，越南的游击队就能多一天做准备。这是最典型的普遍性认识——在他们自己的斗争当中，包含了越南斗争的场景，但这是两种不同的斗争。可是后来越南兄弟并不领情，他们骂冲绳是美军的走狗，骂得狗血喷头。冲绳的活动家一方面觉得委屈，一方面觉得我们能做的都做了，所以问心无愧。在这个事例里我们看到了普遍性的存在，当一件事情的意义不仅仅在于它自身的时候，我们才说它是普遍的，但是它必须通过具体的事情才能呈现。

另一个例子是，中国社会前些年反日的时候，大家把日本看成一个身外的、可以轻松谴责的对象，其实这种反日基本上打不到日本右翼和军国主义的痛处，有时候反而会帮倒忙，助长日本国内的反华情绪。这样的反日就不具有普遍性，因为你只考虑自己。

在学界有更多的例子，比如说我们认为中国儒学影响了整个东北亚，这一点没错。儒学由中国发明后传到朝鲜半岛，又从朝鲜半岛传到日本，这是历史事实。可接下来我们就说，所以他们都是我们的晚辈，是在学我们的东西。但一位韩国学者曾跟我说，你们总觉得我们是跟你们学的，其实我们做的是我们自己的儒学，他提到一个假说——儒教是在中国开花，开花之后就败了，在周边地区结了果，这果子跟你们没什么关系，但很多中国的儒学学者认为，只要你引用了孔子，你就是我们的徒弟，只要你引用了儒教的经典，就得拜我为师。这样的想法是不开放的，没有看到儒学在东北亚地区的多样性，所以对方不认账。

当然还有更多的例子，比如印度。我们中国人不太了解印度的逻辑，印度的文化有它自己的逻辑，我们总是看到它的乱象、落后和贫穷，却很少能够理解印度人的快乐。印度民众比我们穷，可是你在他们的脸上通常能看到发自内心的快乐。有几个中国人愿意放下自己的中国逻辑，去体会一下印度人的情感世界呢？

我做这么多年日本研究也一直遇到类似的困境，我既不想做哈日派，又不想做一个置身日本外部指手画脚的学者，我该怎么办？我的结论是必须得让自己拥有普遍性，这是我进入日本这个个别性的媒介。也就是说，当我能够在自己的文化里进行自我相对化的时候，我认为我就开放了。所以我经常强调一点，到今天我仍然是这样坚持的，跨文化不是发生在两种文化之间，而是在一种文化之内，真正的跨文化是一种文化的自我开放。所以简单地说，理论如果不落地，就没有任何价值；落地之后，我们看到的是很不一样的风景。

04 / 关于民族主义：可以有正当的愤怒，但不要让它跟破坏连在一起

冷建国：在刚才您举出的一些例子里，无论是反日运动还是针对儒学的一些"争夺"，在普遍性和特殊性、自我与他者的讨论里，似乎都绕不过去民族主义的问题。在《遭遇他者》收录的第一篇文章中，您也提到了几次组织中日学者对话的经历，一谈到南京大屠杀或战争记忆，双方无法克服的民族主义的情绪或者情感就会出现，这也造成了一些隔阂和伤害。那您觉得在讨论普遍性和特殊性的时候，民族主义是一个障碍吗？如果是，那我们有可能克服这一障碍吗？

孙歌：对民族主义最精辟的一个剖析源于早年的印度总理尼赫鲁，他在1950年发表演讲时说民族主义是一把双刃剑——亚洲被殖民的国家如果没有民族主义，我们无法独立，但是独立之后，如果我们盲目地让民族主义膨胀，它就会变成一种危险的具有威胁性的力量。当然在做中日对话的时候，我们遇到更多的不是民族主义，我们遇到的是民族情感，民族情感和民族主义还是不一样的。

民族主义并不是简单地用二分法、对与错就能说清楚。民族主义确实是一个麻烦，是一个与生俱来的麻烦——当一个民族遇到外来威胁的时候，能够拯救它的其实是民族主义；但是当一个民族已经具有了一定的能量，对其他弱小民族是不是用自己的民族主义来排他，或者说能不能进行自我开放，这就是一个考验。在这种时候，民族主义可能会是一个障碍或者羁绊。

张之琪： 您的书里很多次提到尼赫鲁和万隆会议，将其作为亚洲论述的例子；也讲到民族主义在不同的框架里有不同的意义，比如说在"二战"之后，第三世界和被压迫的、被殖民的民族寻求民族自决和解放时，民族主义显然是正面意义更大，但对于一些强势民族来说，它的负面意涵可能更大。

您讨论的很多问题在左翼框架中被当作后殖民问题，但您比较少使用这个概念。另外我觉得后殖民框架在今天的中国确实会面临很多问题，一些左翼学者会一直贯彻这个概念来谈，无论何时都站在中国是第三世界国家或弱势民族的立场上，以批判和反对霸权的方式来处理所有问题，但其实中国的位置也是微妙的、变化了的，在不同的参照体系里它的强弱是不同的，我觉得这种统一的批判方式也有很多问题。

首先，您怎么看"后殖民"这个概念？其次，今天我们应该怎样从中国具体的位置上来看民族主义问题？以及它的框架还是否有效？

孙歌： 我个人对后殖民的理论并不反感，只是不用而已，因为我没有用它的需求。竹内好在20世纪40年代末期就把后殖民理论里最核心的问题提出来了，这就是他借助于鲁迅提出的"拒绝成为自己，也拒绝成为自己以外的一切"。我觉得竹内好的这个命题比后殖民理论尖锐和深刻得多，只不过因为学界盲目崇拜西方，把后殖民理论炒作成了重大的创造，好像我们必须要把它挪到我们自己的语境里、必须作为前提来用，否则就没文化。后殖民理论确实很重要，对西方来说，它出现在一个晚近的时期，具有一定的批判功能，但实际上在东方的语境里，这类问题早就被提出来了，不太需要绕弯路去套用。直接拿竹内好提出的问题来讨论，可能会和我们切身的很多问题有着更直接的对话关系。

现在又到了民族主义兴盛的时间段。一旦它变成一股强势的力量，一旦具有破坏性，有些历史的代价就一定需要付出，无论这代价会带来何种结果。但即使民族主义有破坏性的能量，我也很不愿意简单地说民族主义是恶的，因为在某些情况下对抗不可避免。当然我也不会鼓吹民族主义，那根本不是思想工作。在今天的局势下，我个人很少做诸如批判民族主义这类工作，我觉得那太容易了，而且跟现实也离得太远了。我反倒觉得需要转化冲绳的一些思想资源，去思考当冲绳人说他们不要冲绳独立、为的是地区和平的时候，当和平变成他们最大目标的时候，他们是怎么处理他们的民族主义的？我也在冲绳参加过类似冲绳民族主义的集会，我非常理解他们的那种愤怒——既针对美国，也针对日本。但是这样的民族主义从来没有在现实中充当破坏性的力量，这是值得我们借鉴的。我们可以有自己正当的愤怒，但是不要让它跟破坏连在一起。

05 / 性别与女性主义：
如果没有自由的创造，抗争就没有意义

张之琪：我想问一个跟性别有关的问题，也是我在阅读您的书的时候感受很深的一个问题。您一直在讲互相缠绕的自我和他者之间的关系，其实这样的关系女性和男性之间也存在，竹内好说"作为反命题存在的亚洲"，说的是亚洲的主体性是在它作为一个反命题的过程中形成的，一方面受制于西方，另一方面在受制状态中也获得了一种同一性。我觉得女性作为所谓"第二性"，处在受制于男权社会的位置，我们的主体性也需要从这个位置中发展出来。

您也提到，知识分子比较熟练使用的是以亚洲的视角来直接批判西方，对您来说这是一种过渡性的方式，我们应该超越这种受制于西方的关系，从而更自由和自主地去想象。很多时候女性也在面临相似的挑战——我们更熟悉的、更容易操作的是去反对和批判一个东西，是不去怎么做，但问我们要去怎么做，去说我们是谁，去超越男性来定义自己、寻找主体性，其实是很困难的。不管是理论工作的角度，

还是现实生活的层面,如何自由和自主地去建设,都更难回答也更难实践,因此也是一条更艰难的道路。

作为一名女性理论工作者,在做理论建设的过程中,您自身的女性的生活经验会不会给您一些启发?对您来说,所谓亚洲原理这种新的普遍性,或者这种把西方相对化的实践,是否也可以用于把男性的经验和男权社会的规则相对化,而后自由地创建?

孙歌: 好问题。我常常被一些男学者用这样的方式表扬——"你脑袋真清楚""你讲话真有逻辑""女学者里边像你这样的真不多见"。这时候我总是觉得很奇怪,我从来就没想过可以这样评价男学者:"你看你的脑袋真糊涂,在男学者里边你怎么这么糊涂"。我不认为有逻辑、讲话清楚跟性别有多大关系,很多女性可能很感性、不太重视逻辑,一方面很大程度上和整个社会的集体无意识打造有关,另一方面很多女性可能也不太想那么做。我相信,女性如果想像我这样工作,都是可以做得到的,而且我相信我们也可以比很多男性更有逻辑、更清楚、更深刻。所以把思维方式直接归结到性别上去,在认识论上没有生产性。

这个社会不管怎么讲男女平等,两性仍然有分工上的、兴趣上的、集体无意识层面的区别,比如女孩子从小玩的东西可能就和男孩子不一样,这些问题女性主义里已经有很多讨论,两性的差异是被打造出来的,生理上的那一点差异对原始人可能很重要,但对于现代人来说已经不是那么重要了。所以,以性别为借口进行差别性的对待,甚至进行歧视，当然需要批判。女性主义对这一部分的批判和揭露，我是无保留支持的。

可是批判仅仅是起步，接下来的问题是，我们该如何自由地去创造？对我影响非常大的一部女性主义著作是伍尔夫的《一间自己的屋子》，到今天我依然很感谢这本小书，里边最打动我的一段话一直支持我走到今天：

> 无论如何，她至少想这样作，当我看她渐渐伸张出去作这种试验的时候，我看见……那些主教、副主教、博士、教授、族长、教书先生们全对她喊出种种劝告，警戒。你不能作这个，千万不要作那个！只有优等生和研究生可以在草地上走！女士们没有介绍信是不许进去的！……如果你停下来骂，你就完了，我对她说；如果停下来笑也一样。[1]

其实在我的学术生涯里，也一直面对着伍尔夫描述的这种场景。每当我遇到这样的问题，伍尔夫这段话都给我以力量。我是不会停下来笑的，但我有可能停下来骂，如果我停下来骂，我的时间和精力就耗在了对抗上，而我们知道所有的对抗都受制于你要对抗的对象，自由是你不受制于任何前提。我觉得女性主义面对的最大困境也在于此，即如何突破一个实体性地被分成男性和女性的世界。作为女性去进行

---

[1]伍尔夫:《一间自己的屋子》，王还译，沈阳出版社1999年版，第88—89页。

实体性的抗争——这其实是一个陷阱。我觉得抗争这件事情没有错，但是远远不够；如果我们没有自由的创造，抗争就没有意义，而在很多情况下自由的创造本身就是最有力的抗争。

冷建国：《巴黎评论·女性作家访谈》里一些女性作家的经验也跟您的结论有点像——女性主义可能启发了一些具身性的感受，打开了一些不曾打开的思考面向，但她们的写作逐渐告别了这个"主义"，力争自己的写作成为所有作家里最好的，而不是女性作家里面最好的。

在《理想家的黄昏》这篇文章中，您提到伍尔夫之前先写到了泰戈尔，泰戈尔彼时面对东西方文化的碰撞，思考制度的自由能否带来思想上的自由。从泰戈尔到伍尔夫，您强调的都是思想上的绝对自由不是作为抗争者角色出现的，它是以自由为目标向前走的，而不是向后去对抗的，可以这样理解吗？

孙歌：这是很重要的一部分。我刻意这样做的另一个原因在于，伍尔夫是西方的白人女性，泰戈尔是东方的有色人种男性，我把他们放在同一个层面上有一个用意：当我们讨论女性主义的时候，应该放在历史中去思考，而不是在诸如人种、种族或者性别这类很实体的划分上思考。

那篇文章发表之后曾经有读者反馈说，泰戈尔在印度是非常男权中心的，你这个写法有问题。我说没关系，因为在我的讨论里，他的定位跟西方白人女性是一样的；我想讨论的是，作为一个弱势民族他是如何在一个强权的结构里保持、获得和创造自己的自由的。这个定位跟他现实中的男权中心没有直接的关系——当然他的男权中心仍然可以批判，就像西方白人女性甚至西方女性主义者里也有很多面对东方的霸权主义者一样。

所以设定讨论层面时我们要注意，很多实体性的经验要在机能上发挥作用，而不能用实体的标准来衡量。

关于自由是向前，对抗是向后，建国的这个方向分类有点意思。我从来没有这么感觉过，当然我并不反对你这么感觉。我觉得，争取自由本身其实就是最根本的抗争，这种抗争的特点在于它并不受制于抗争的对象，也并不与抗争井水不犯河水。换句话说，不在单纯的二元对立框架内处理问题。其实自由并不是"想干什么就干什么"，它仍然要在束缚中创造，不过我们现在没有时间讨论这个话题。

张之琪：《从那霸到上海》里有一句话，强者和弱者都要面临自由的问题，不是强者就一定自由、弱者就一定不自由，真正的自由是不以任何既定的框架为前提而存在。我们应该如何理解我们作为个体存在，或者我们的思维和学术的自由的状态是什么样的，要如何朝自由的方向前进，这也是贯穿我们今天谈话的一个主题。

冷建国：除了自由这一点，我觉得孙歌老师论述中贯穿的另一点在于您强调价值不是完全二元的，要看到它的差异而不是优劣高低。另外从您的写作和刚刚提到的阅读冲绳经验的方式中，我也感受到了您对"空间"的强调，把对主体的关注转移到了主体之间的关系上，我记得《求错集》里有一篇文章也专门论述了这个概念。这种对于关系和"空间"的关注,可以看作您研究的一个特点吗?

孙歌: 也可以这么说。不过我并不是刻意去想这件事,研究思想史的人讨论每一个问题都要有脉络的感觉,这里的"脉络"并不是字面意义上的一根绳,而是错综复杂的无数个关系结合起来形成的"空间"。我并不总是强调"空间"的概念,因为一强调大家就会觉得它好像是一个房子、一个礼堂、一个球场,就把它变成了一个固化的东西。所谓"空间"是一组、一群、一团缠绕在一起的关系,我在这个关系里去讨论每一个点,这是我个人操作的一些习惯。

06 / 从文学到思想史：
真正的自由是有责任的，责任比随波逐流要重

冷建国：您毕业于吉林大学中文系，早些时候也做过一段时间的文学研究，后来是以研究竹内好为契机进入了思想史的研究领域吗？

孙歌：我在整个80年代一直做现代文学评论，或者自以为是在做这件事。但那个时候有很强烈的瓶颈感，好像找不到一个能够不断往前深化的方式，我会觉得看到的很多问题没有办法升华，再加上80年代末90年代初是中国社会剧烈转型的时候，我觉得在文学这个领域很难找到能够帮我理解时代变化的资源。最后转到思想史并不是最初设计的，而是发现能够让我的很多疑问得到解答的那些良师益友，基本上都是在政治思想史这个领域，所以我大概花费了十年以上时间才确定了自己要在政治思想史领域里工作。

一直到今天，我都没觉得我放弃了文学给我的那份营养。尽管我已经完全不写文学评论，现在也很少看文学作品，更多时间是看历史，我仍然觉得文学给了我政治思想史给予不了的营养。人的喜怒哀乐、

七情六欲、善良邪恶，所有因素合起来成为一个活生生的人的整体，这是文学最为关注的对象。对文学的关注帮助我理解了竹内好，也反过来激发了我在政治思想史研究中的想象力。

冷建国：鲁迅是文学、思想史和历史领域都会研究的一个人物，他在不同的学科中扮演着不同的角色，又彼此交织。您在《求错集》序言中说，从前觉得文学研究和思想研究是井水不犯河水的，但是竹内好的鲁迅研究让您改变了这一想法，文学其实是思想的源泉和现实政治的精神形式。您现在会如何看待文学和政治的关系？

孙歌：更准确地说，是在研究丸山真男之后，我对文学和政治的关系才有了不同的感知方式——用一个抽象的方式把它说出来不难，难的是你真正那样去感觉。丸山真男做过一个很有意思的注解，他引用了俾斯麦的说法，"政治是一门关于可能性的技术"，他用外来语"アート"（art）标在日语的"技术"这个词上面，意思是政治这门"技术"是艺术性的技术。这是非常有意思的视角。

文学在广义上也是艺术的组成部分，所以我们可以把文学和政治放在一起观察。只要读一下我们古代很多政治家留下的著作你就会发现，历朝历代的很多优秀的政治家同时也是诗人，他们的诗并不仅仅是抒情，所谓"诗言志"的"志"指的就是政治。

因为我们这一代人小时候经历过"文革"的动乱，所以在早年研究竹内好之前，我一直认为政治是很丑恶的，政治只是现实的权力之争，从来没有想过政治还是一门艺术，它讨论的不是现实的权宜之计或者政策等——当然这也都是政治学的一部分——其实，它关心的问题和文学关心的根本问题是相通的：假如人一会儿是天使，一会儿是魔鬼，天使和魔鬼的要素在具体的个人身上交织，不知道什么时候哪一个部分出现，那么由人组成的社会应该怎么组织？研究这个问题的是政治学，但是政治学很难处理那些无法定型的要素，而文学在用自己的方式回答这样的问题。当然这两者有很多区别，不过对我来说，文学和政治学确实有可以结合的部分。因为在讨论任何政治学命题的时候，我眼睛里观察的对象仍然是人，抽象的概念对我来说不够完整。

冷建国：您在《绝望与希望之外：鲁迅〈野草〉细读》（下文简称《绝望与希望之外》）中也强调了文学的政治性，书中用"他者志向型的利己主义"来描述鲁迅所背负的文学和政治的使命，这给我很多冲击和反省——现代人会敏感于社会的不公正、疾苦和黑暗，也会适时表达自己的愤怒，但这些愤怒跟自己生活的安稳没有关系，人们太容易忘记那种一时的愤怒、一时的不公正，让生活继续向前走了。2020年我们一度也沉浸在这种愤怒中，所以那时候读来会有非常不一样的感受。你说这类人是所谓"聪明人"，是"造物主的良民"，这可能不是一种特别正确的对待苦难的态度，那您认为存在一种与它相对的面对悲苦的态度吗？

孙歌：所谓"他者志向型的个人主义"是1950年美国社会学家理斯曼（David Riesman）提出的概念，丸山真男后来在不同的意义上也援引过这个概念。他们的讨论里有一个潜在的问题意识，他者志向型的个人主义者不仅仅关心时政，更重要的是在 Ta 所处的社会环境里，这样的关心会给 Ta 带来安全感和利益。当群情愤怒地声讨一件事的时候，唱反调是很危险的，尤其是这种声讨看上去还具有某种道义感的时候，甚至连沉默都变成了罪。在过去和今天的很多常态中我们都可以观察到这类现象，所以"他者志向"在某种意义上只是人随波逐流的一个形态而已，它给人带来道德正当性和安全感。

怎么从里边突破出来？怎么去寻找自由？我觉得虽然难，但却是可以做到的——最低标准是当你意识到大家都在说的话只是一面之词甚至是违心之词的时候，你可以沉默，当然沉默只是最低限度的道德；你还可以思考，如果我采取不同的行动，我的行动和那个行动之间会形成什么样的反差？这可能意味着你变成少数派，要付出代价。

我觉得鲁迅一辈子都在做这样的事。五四运动的时候大家都在抵制日货、声讨日本，他却开始翻译白桦派的剧本，他自己也说，好像不合时宜，但是停不下来，居然也这么做了出来。鲁迅一辈子做的最核心的事情就是正视现实，正视现实里的真相，那个真相在很大程度上是只有最有勇气的人才能发现、发掘和呈现的。在别人都跟着最时髦、最正确的口号走的时候，鲁迅是落后半步的，这就是自由——自由承担的是最重要的历史责任，自由不是想做什么做什么或者自私自利，真正的自由是有责任的，而且责任比随波逐流要沉重。

冷建国：我们在看这本书的时候，即使是那些没谈到鲁迅的篇章，也会感觉从中看到了一种鲁迅式的姿态，一种"自戕式"的研究姿态。因为复杂性是没有穷尽的，您的反思在我们看来也是没有穷尽的，似乎有的时候出现了反思之反思，持续地推翻和剖解自我。您会觉得这样的生活很辛苦很痛苦吗？

孙歌：会。但是有一点我可以保证，我的生活绝不会无聊，即使很累，也每天都让我感觉很新鲜，因为我觉得今天我好像比昨天又稍微成长了一点点。可能我永远没有办法达到自由——只有伟人才做得到——但是我觉得至少每一天都应该跟前一天不一样。只要不是自我重复，辛苦一点也值得。

张之琪：从书中我们也能看出来您做理论工作的热情。我们今天讲到的很多话题其实都是关于个人该怎么生活，尤其是在一个动荡的、可能不一定指向进步的历史阶段，我们究竟要怎么做自己的工作，比如作为消费者的责任，比如在随波逐流的人群中该怎样把握自己的位置，我觉得这些话题跟现实生活非常切近。

您刚才说要面对真正的真相，在很多哲学的传统里面，人如何过一种有道德的生活、如何追求自由、如何面对和寻求真理，内在也是一致的。很多时候阅读您的书会给人一种这样的感觉，我们应该有这样的生活态度，非常鼓舞人。

傅适野：《从那霸到上海》里有一句话让我印象很深，您说，生活中的"常态偏执"是可以理解的，而认识论上的"常态偏执"却是不可原谅的。"不可原谅"是一种非常坚决的态度，这也是我们三个在看您的书时经常感受到的，这背后是一种非常强大的精神能量。

冷建国： 包括在阅读的过程中，无论是《寻找亚洲》《遭遇他者》还是《绝望与希望之外》，我们也受到了您自省的力量的鼓舞。这也是读到欲罢不能的原因之一，它给了人一些内在的驱动力，让我们看到自己知识上的一些偏见、禁锢与先入为主，以及注重身体感觉层面的一些体会。我觉得您特别强调把身体经验跟理论结合起来，看到理论跟生活之间的细部，在反省中同时看到自己的生活和理论的不足。非常感谢您的书，也谢谢您跟我们聊了这么久。

孙歌： 我更感谢你们三位，你们对我的思考和写作给予了很细致很深入的理解，这让我十分感动。我也感谢一直陪着我们往前走的年轻朋友，对我来说最大的鼓舞是有年轻人愿意读我写的东西，有年轻人愿意跟我对话，这对于一个上了年纪的人来说是一个最大的奖赏，因为我知道我可以跟更年轻的生命一起往前走，这样我就不会老了。谢谢你们。

（本文在原访谈录音稿基础上由嘉宾修改补充）

罗新:故事是江河,历史是海洋,人又是什么?

嘉宾:罗新

北京大学中国古代史研究中心暨历史学系教授

一个南朝宋代的普通女性，在三十岁的年纪遭逢战乱，丈夫战死后，被掳去陌生的北魏，入宫成为宫女，她不曾想到，自己的余生还那样漫长。她因宫内权力斗争而中途出家为尼，她参与抚育过两代北魏皇帝，因被帝王感念，在死后获得了一则写得很好的墓志。正是这方墓志，让一千五百年后的一位历史学家注意到她，这个从未在任何史书中出现过的女人，并为她写了一本书，名为《漫长的余生：一个北魏宫女和她的时代》（下文简称《漫长的余生》）。这位北魏宫女名叫王钟儿，这位历史学家是北京大学的罗新教授。

这个小人物的故事值得讲述吗？仅靠一篇墓志足以讲述一段历史吗？情感能够成为历史研究的对象吗？关于性别的斗争为何无人书写？罗新老师在这次对谈中说，"历史书里的女性占比太低了，就好像古代社会没什么女人一样，这显然是违背历史真实的。"他在《漫长的余生》后记里写道，"关心弱者，为边缘人发声，不正是当下历史学人的重要责任吗？"

2020年春天，罗新老师终于鼓起勇气动笔写王钟儿的故事，也在那一年夏天，他开始了"指甲缝里天天有泥"的园丁生活。相比当时，到疫情持续的第三年,他说自己更乐观了一些。种种际遇让他感到,历史从无序的混乱变成了某种有方向的东西,越来越多的人正从被动的承受者变成主动的参与者。理解当下的现实帮助我们理解过去,超出自身生命的尺度允许我们重新丈量希望。

01/ 一定要为这些女性写点什么

冷建国: 罗老师这两年过得怎么样？您之前提到疫情之后整个人特别忙碌，每天都在办公室建花坛、搞研究。

罗新: 这两年我的个人生活有很大变化。以前我习惯在家里工作，很少去办公室，2020年夏天学校是空的，有一天我走进校园觉得很吃惊，学校那么安静那么漂亮，我在北大读书工作数十年都没发现。植物很美，各种动物也很漂亮，草长得很好，比人还高。再加上那个时候家里"人满为患"，大家都在家里上班上学，我觉得办公室很安静，花了很长时间把办公室收拾出来。后来不过瘾，又花了好大精力改造我们办公室的院子，第二年春天改造完毕，草坪铲掉，开始种花。后来还不过瘾，又把院子外面一个甬道改造了，现在我被同事称为"园丁"。

毕竟是一个人折腾，不要说经验，力量也不够，但我在YouTube上学到的是，不要当花匠，不要成为职业种花人。职业种花人有一个特点，把什么都种成笔直一片，所以我故意弄得乱七八糟，有点儿自然的感觉。当园丁一个很大的特点是，伸出手来指甲都是黑黑的，里面是洗不干净的泥巴。

冷建国：您在《漫长的余生》后记里写到，2020年夏天终于鼓起勇气开始写这本书了。能否先为大家介绍一下这本书讲的是什么？

罗新：从写作的角度，我想写一个人，王钟儿，北魏中期的一名宫女，在南朝刘宋政权的中层官员家庭长大，后来嫁给了一个同等家庭的男性。南北朝时期战争不断，一次重大变故使得她家所在的区域变成了北朝的地盘。估计当时她的丈夫和家人被杀光，她作为奴隶被抓到北方，成为宫女，那时她已经三十岁了。没有想到的是，她又在北魏皇宫里活了五十六年，所以我把这本书定名为"漫长的余生"。

历史上这样的人可能有很多，但后人没法知道。凑巧的是，她在皇宫侍候的主人是北魏宣武帝的生母，后来也参与抚养了宣武帝。宣武帝的一大特点是不信任任何人，但他信任这位老保姆。六七十岁的时候，她又参与抚养了孝明帝。这个宫女很奇怪地抚养过两代皇帝，有机会被皇帝所注意、所感恩，因而获得了很隆重的安葬和一则写得很好的墓志，正是这则墓志让我们得以了解她的人生。

在墓志之外的历史资料里，我们看不到她，《魏书》和北朝任何史料里都不会有这个人的影子，一个宫女的故事在正经历史书里是读不到的，所以我第一次读到的时候就觉得应该给她写一个东西。

冷建国：我看书时最大的感受是，关于主角王钟儿的叙事一直在延宕，读者被诱惑着往下读，而她迟迟没有现身，尤其是在前半部分，每一节的叙事似乎都在铺垫、在蓄势,只等王钟儿的命运面纱被揭开。而实际上,她的墓志铭所揭示的内容又是非常有限的,您是如何处理这种减速的、蓄势不发的、将人物藏于幕后的写法的?会担心主角王钟儿的现身过晚或者内容过少,影响到整体叙事的效果吗?

罗新: 对,这是最大的困难。我自己的兴趣当然是真正表现这个人,但我对她也不了解,因为没有任何细节材料。比如我们不知道她是否生过孩子,就算生过孩子肯定也被杀死或抓了起来,总之是因为某种原因死掉了;如果是男孩的话,理论上他会成为一个太监;如果是女儿的话,应该也做了宫女……这些我所关心的细节全部缺失,这是很大的遗憾。可是她又的确参与了那么长时间、那么重大的历史,所以我从一开始写就想着,千万不要把她弄丢了。就像我们述说当前自己身处的时代,也很容易把自己说丢一样,因为这个时代的事情比我们自己的经历热闹多了。我希望不要把王钟儿说丢了,这很难。我不认为我能做得很好,我从一开始就知道。但为了把这个人物抓住,我宁可牺牲掉别的内容,比如孝文帝的部分,生怕喧宾夺主,把我们的主角淹没。

冷建国: 您长期研究南北朝这个阶段的历史,也读到过很多的墓志铭,很多小人物以这种方式在你眼前现身,为什么会抓住王钟儿不放,就像后记中所说的,"无法挣脱这个故事的吸引"?

罗新: 我在写作之前最大的兴趣是关注一名女性。当然墓志铭会呈现好多不同的人,但最特别的都是女性。其他那些人和故事往往是常见的传世文献中也会提到的，尤其是历史上的重要人物，关于他们的书写非常多，但女性在传统文献里很少出现。

历史中常见的状况是女性人口略少于男性人口，不同社会阶层稍有不同，底层女性更少，越往上层，女性占比就越接近男性，自古以来全人类都是如此。但你如果拿一本历史书来看，把书中所有人名列出来，就会发现男女根本不成比例，历史书里的女性占比太低了，男性是绝对的优势，就好像社会中没什么女人一样，这显然是违背历史真实的。墓志就不一样，如果我们把所有中古墓志——包括南北朝和隋唐——都拿出来看，当然还是男性多一些，但女性的数量与男性相比是很接近的。也就是说，墓志所反映出的更接近真实社会的状态。这也意味着，墓志这种材料还没有被纳入制度化的、意识形态化的历史叙述里去，一旦纳入进去，这些女性形象就会消失。墓志可贵的一面就在这里。

有一些写得很好的墓志令我感到震撼，我想，一定要为这些女性写点什么。如果只为她们写故事，就不像一个历史学的工作，写成一个文献似的东西让大家读，也没有什么意思，我这几年都在解决这个问题。

张之琪： 您在后记中也谈到如何为这些女性写东西以及应该写什么。您说，因为"现代历史学最鲜明的特征是解释性和分析性，不是单纯讲故事，更不是一味发感慨"。我觉得好像又回到了我们之前聊天时提到的究竟是面对公众写作还是面对同行写作的问题，既希望公众觉得这是一个有意思的文本，又希望同行觉得它是有价值的历史研究。写完这本书之后，对于这个问题您有什么新的答案吗？

罗新：我想这是一个很艰难的平衡，也是一个艰难的选择。但凡有点职业荣誉感，都不会放弃为同行写作、只当成畅销读物来写，但有时候只写成论文式的作品，我也的确不甘心。有些材料也的确不适合当作论文来写，比如王钟儿的墓志，材料是这样的，我们就用这种方式来写。我现在也不知道要如何把握这种平衡，只能说在写的时候尽量想着对不熟悉这些背景和材料的读者友好一些，同时我也希望同行们读了这个东西不会对我产生轻蔑之心。我不认为我已经解决了这个问题，我仍然在困惑当中，今后的写作也还会如此。

傅适野：我看《漫长的余生》的感受是，罗老师写出了很多人物内心的斗争，比如一个人如何走到了自己的对立面。我不知道主流历史学界怎样研究这一部分，怎样还原一个人，阐释其波澜壮阔的内心世界。这本书是围绕王钟儿的墓志展开的，但墓志又是别人为她撰写的，在没有她自己的口述和经历的情况下您要怎样去还原，或者您是否尝试要还原或者理解她的内心世界？

罗新：对于史料更丰富的时代和人物，这样做不是问题，这就是为什么我们今天能够读到许多很好的、特别是国外的历史人物写作，因为材料足够，书信、日记和对话可能都保留了下来。可是在宋代之前，中国的历史人物都不大可能有这么多细致的材料。

强行去写是不对的，没有材料就不能写，这是我一贯的对职业的忠诚。对历史学来说，没有材料的问题就不是问题，你提出一个再美妙的问题，倘若没有材料就无法去说它。我们写作的时候要明确说出来哪些是猜测，不能不猜，因为空白太多了。历史归根结底不是追求所谓真相，而在追求一种叙述。你要把这个叙述说好，而叙述本身不能有太多断环，这个时候猜测是难免的。但在猜的时候要说清楚这是猜测，这也是历史学家的职业能力之一，而且你不能够猜完又猜，不能在猜的基础上继续猜下去。历史研究中猜测不可避免，但猜测本身有境界差异，是可以反映一个人的学养和知人论事的高度的，我有很多前辈和同辈做到了。

张之琪： 猜测和解释的区别是什么？

罗新： 猜测是解释的一部分。

02 / 宫女、皇后与老尼

张之琪：我们最开始以为《漫长的余生》关注的只是一位女性的一生，可对我来说，这本书写的是一群女性的故事，包括与王钟儿同为宫女的女性，也包括更上层的、参与到权力最核心争斗中的女性，我们看到的是那个时代皇宫范围内的女性的群像。

在《宫女人生》一章里，您谈到，罪人家庭的女性"没奚官"时常是母女同行，入宫之后宫女之间也会结成"同火人"，是一种金兰之契，这似乎勾勒出北魏宫廷下层女性社群的一种图景，既有有血缘关系的母女、姑侄，也有没有血缘关系的同辈女性。由于身份特殊，她们的人生没有遵循结婚生子的主流路径，而是在一个女性共同体中长期生活，罗新老师可以展开讲讲这一部分吗？

罗新：写这一部分是想把王钟儿的生活世界展现出来，或者说通过把这些人放入我的观察范围，去看王钟儿的生活世界是什么样子。材料当然还是很不够，很难得的是有这么一批宫女墓志，那么我就尽量提取这些材料；我不想把每一个人单独来写，但会提取信息以营造那样一个世界,让我们看到北魏皇宫里宫女的生活。

每一个人都可以再做深入细致的挖掘,比如她们是几岁进宫的、在里边过的什么日子;宫女们从小就是要干活的,同时还要受教育,那她们一般到了几岁开始读书;受教育之后,她们后来就成为管理者,有些做到二品,死之后追赠一级变成一品,这样的人一般就可以拥有墓志了。这样一批墓志埋葬的地点接近,年头也差不多,应该是用国家经费来做墓志和进行安葬的,我怀疑写墓志的人本身也是一位宫女,从文字和书法来看都像是固定几个人做的事情。

我在书中没有多写的是,宫女跟宦官的生活方式不太一样。我们以为宫女是一群美女,那是现代人的胡思乱想,是电视剧和小说造成的误解。历史中的宫女绝对不是依靠色相去服务的,她们非常依靠专业技术,无论是做饭还是纺织。因此我们会注意到,有地位的宫女大都是上了年纪的人,她们有经验和人脉。我们时时刻刻要记住,过去是我们今天很难理解的等级制社会,有些人的地位天生就比另外一个人低得多。

冷建国: 和底层宫女相对,权力顶层的皇后或皇太后捆缚于十分可怕的政治制度之中,同时也会对这些制度加以利用,达到影响朝政的目的。贯穿这本书的一个重要制度便是北魏的"子贵母死",这是为避免有皇帝生母身份的皇太后分享权力而形成的一种残酷传统。北朝史的研究者或多或少都会涉及"子贵母死"制度,对此也衍生了很多关于野蛮与文明、制度与传统的讨论。罗老师能跟我们展开讲讲您的看法吗？

罗新：北魏这种特别的制度或传统自北魏的第一代皇帝开始。他在晚年要把立为继承人的皇子的生母杀掉，这让皇子很不高兴，做父亲的一生气，皇子被吓跑了。不久，另一个皇子递进为继承人，他自己的妈妈也即将被杀，为了救下母亲，他索性先把自己的父亲杀掉了。当了一段时间皇帝之后，之前逃跑的那个皇子又回来了，把皇位夺了回来，但他到了晚年又在重复"子贵母死"这个事儿。

有人把北魏的这一传统与汉武帝晚年把汉昭帝生母杀掉的故事联系在一起，好像是从汉代获得的某种历史智慧，这当然是不可能的。北魏皇帝们汉语都说不好，汉代的故事他怎么知道，这都是后来的学者们加进去的解释。

我的老师田余庆先生在《拓跋史探》里提出了一个很重要的解释。他认为，拓跋历史上一直存在着男性的可汗家庭和女性的妻母家庭的干预问题，可汗能够成功全仰仗妻母家庭厉害，一代一代都是如此，这导致可汗系统极端不稳定，因为可汗的外祖父和舅舅一边拥有很大势力。所以北魏第一个皇帝道武帝晚年决定改变这一状况，他认为，如果母亲不在了，舅舅和外公就没有机会掌权了，以此排除其他贵族家庭对可汗家庭皇权的干预，所以就有了"子贵母死"的制度。在历史结构的意义上，田余庆先生的这一解释是比此前所有解释都更具深度的。

这种做法后来之所以能成为所谓制度传统，是因为一直有人在利用它，有些时候明明一个人都已经当上了皇帝，比如文成帝，还是有人要把他的妈妈杀死。尤其是宫廷中掌权的女性比如皇后、太后，通过杀死孩子的生母把皇子变成自己的孩子，之后他当上皇帝，她就因抚养过他而手握大权，这一点最集中体现于冯太后身上。

张之琪：我觉得"子贵母死"其实就是"杀母夺子"，罗老师在书中也讲到，当另一个女性把孩子夺过来，还是要努力跟他建立感情，建立一种替代性的母子关系，这种关系不仅仅是名义上的，也是情感上的。这似乎说明，在一个父权社会当中，母子关系或者说女性付出的照护或情感劳动，成了女性参与政治的一个前提条件——她只有通过成为母亲，无论是有血缘关系的母亲，还是作为照料者的母亲，才能获得权力。您好像很直接地揭示了这样一个问题：处于权力中心的一代代女性，是通过什么方式来获得和运作手中的权力的。掌权的女性和整个父权制度之间也存在一种张力，她既要成为其中的一部分，而又与其内在完全不相容。

罗新：这些女性夺了别人的孩子，和他建立起母子关系，是期待着他将来做皇帝之后把她变成真正有权力的人。这些女性不只是为了自己，她们还是为了自己的家庭，为了自己的兄弟、父亲，为了维持巨大的家族势力。因此，如果皇帝的表现让她感到有疑，她就要及时干掉他，再换一个皇子，孝文帝和冯太后之间就发生过这种事情。冯太后有一段时期想杀掉孝文帝，又不好直接杀，就在冬天把他搁在房间里冻着，希望他生大病死掉。但这中间也有很大的问题：这个孩子是你养大的，你们是有感情的，而其他孩子不是你养大的，换一个皇子跟你没感情，还得杀。所以冯太后很犹豫，后来就放手了。但孝文帝对她表现出了绝对的孝顺和忠诚，看上去她甚至比自己的亲生母亲还要重要，即便在冯太后去世后，他仍然坚持这一立场。孝文帝不是傻瓜，他生活在巨大的心理阴影中，但又必须表现出自己道德上的完美，对养活自己的人表现出极强的道德感。

孝是一个特别有意思的事情，没有一种动物在幼时不对母亲好，没有任何一个文化不强调母子之爱，但在中国，它发展成为一种特别的意识形态，变成一种以法律、政治、国家制度来强化的东西，这些小皇帝比如孝文帝也都被框在其中，伪装出孝的样子来。

冷建国：提到孝文帝，我在看书的时候也生出另一个疑惑。您在几个章节里写了他跟大冯的情感关系变化，大冯先是把孝文帝从妹妹小冯的身边抢回来，并设计杀害了妹妹，她和孝文帝两人一度如胶似漆，后来又因政治阴谋与他疏远，导致自己的下场也很凄凉悲惨。我想到前段时间读到《天女临凡：从宋到清的后宫生活与帝国政事》，作者也提到，皇帝的生活既公开又私密，他有神权的色彩，而性生活又受到朝中大臣甚至天下万民的审视，他自己内心可能也有很难为外人道的深情时刻。一些女性与皇帝的亲密关系，既可能是深爱的，也有可能充满阴谋，其中当然有家族力量、制度惯性的左右，但历史学家会如何把握其中所谓"爱"或情感的部分？这种亲密关系是可以研究和把握的吗？

罗新：这是无法触及的部分，只能根据材料来说，多说就很危险。具体到孝文帝和大冯的故事，我觉得本质上是一种反抗。对孝文帝来说，他和小冯的婚事是冯太后安排的，所以他选择用自己和大冯的关系，推翻原来冯太后的安排，这是一种很深的叛逆。他知道自己不能脱离冯家，他的皇后只能姓冯。这种反叛的必要和大冯本身可能特有的素质结合在一起，成就了这段感情。

张之琪：情可以成为历史研究的一个对象吗？

罗新：几乎不能。我想，现在什么都可以作为历史研究的对象，但在历史资料有限的情况下，好像又是没法做的。我的一位大学同学在做导演，前几天他很严肃地问我，他想拍竹林七贤，他们一定得有自己的爱情或其他东西，但为什么一点资料都没有？任何时代任何人的最深的冲动，不就是权力、名望、性、爱这些东西吗？为什么我们看不到这一部分呢？没办法。没有材料你就是看不到，但不等于他没有。

张之琪：在研究过程中，历史学家会跟Ta的研究对象在多大程度上共情？共情重要吗？

罗新：所谓共情，就是想着Ta也是个人，在同样的情境下，我们的反应是一样的。这一部分当然重要，但通常不在写作当中呈现出来，而要掩藏起来。这其实正是思考的基础，不然我们怎么能理解一个历史人物呢？反而是面对那些我完全无法理解的人时，要把这种不理解写出来，因为一定有某个细节我们还不知道。

冷建国： 除了宫闱之内，书中频繁出现的另一个地点是佛寺。根据墓志，王钟儿即慈庆出家后就留在了内寺，后来又因病移居昭仪寺。在北朝，佛教一方面为权力提供规训工具，另一方面一些僧尼又反过来借助自己的宗教权力对政治施加影响。您也提到，佛教为中古女性提供了更大的空间与更多的自由，好像为之提供了些许与社会道德律法解绑的机会。在您看来，女性为何对新宗教更为敏感和积极？宗教对弱者的强大吸引是否正是其作为规训工具的原因之一？

罗新： 现在很多宗教史研究者会首先想到宗教作为规训工具的一面，但这一面其实是在很长的历史中逐渐显现的，也就是说国家权力和宗教权力之间还有竞争。在中国毫无疑问国家权力是占据优势的，但在某个时刻，比如《漫长的余生》所涉及的魏晋南北朝，两者之间还在竞争，竞争还没有清晰的结果，有时国家权力会做出巨大的让步。

国家当然会采取激烈手段，比如我们历史上有四次法难，其中两次都发生在这一时期。我们不能只看到法难里佛教徒倒霉的一面，还要看到之所以发生法难，是说明这个时期的宗教力量很大，国家权力感到了巨大的威胁。在秦汉时代国家是不可能遭遇任何竞争对手的，只有这种成系统成理论的新宗教，特别是佛教和道教出现，才能在很大程度上对权力结构、等级结构形成巨大冲击。等级社会里有贱民、庶民，而在佛陀面前我们都是一样的人，这种带有强烈开放性的宗教毫无疑问对所有人来说都是巨大的解放，甚至包括皇帝在内。在这种情况下，一定是过去最受压迫的、根本没有任何自由空间的人获得的解放最大，这就是为什么佛教对底层社会的吸引力那么大，如果在性别意义上讲，那就是女性。这在世界宗教史上几乎是一个共通现象——当一个宗教刚刚兴起时，女性是最为敏感的，因为她受到的挤压往往最多，一旦出现缝隙就会立刻抓住。

张之琪： 我之前读田晓菲的《神游》，书中提到一个观点，魏晋南北朝时期人们的游历范围极大扩展，南北之间的走动和通商都很发达，女性此时的活动空间也大大超过了前代。一个重要原因就是，她们皈依佛教之后，不再被完全囿于家庭环境之中，可以以更自由的身份出门。罗老师在这本书里也提到，出家的贵族女性可以自由出入宫门，对女性来说好像也获得了一个新的生活空间。

罗新： 我觉得今后的研究者要注意到，为什么我们在今天会认为佛教变成了另一副样子，为什么我们会说它变成了规训工具或一些邪恶价值的帮凶。在南北朝时期，一些僧人意识到自己受到了很大挑战，挑战正来自女性，来自女尼，来自他们的女性同行。这些女性有自己的优势，比如受过很好的佛教教育、讲经很好，可能她的信众更多、香火更旺、地位更高，财富往她那边流动，于是这些僧人开始依仗权力去官府诬陷这些女人，说她们不正经什么的，斗争就出现了。在这种斗争里，倒霉的是女性。这个过程一直持续到唐代。

我感到遗憾的是，我没有读到中国学者注意过这些材料，把它当成一个问题。我认为不是大家读不懂这个问题，而是人们没有想过，这是一个性别斗争，是男性寻找机会重新夺回女性正在崛起的优势。

他们利用的是什么呢？他们利用的是传统，是他们自己本来憎恨的传统，他们利用的是男权、是政治权力、是他们本来要斗争的权力，当他们受到挑战，便又拿出贞节、孝道这套观念来攻击女性。

03 / 第三年比第一年更乐观

冷建国： 您有试着把当下生活的一些感受写进这本跟历史有关的书里吗？

罗新： 这是一个很好的问题。我想，我所有的理解能力都来自当下，只是我不能够直接这样写。经常会有人说，学历史的人更理解现实，我认为这是一种错误的思维。恰恰相反，正是因为我们观察了现实，理解了现实，我们才开始理解过去。

我当然相信有一些天才研究者不必出门就什么都懂，但对我们这样的人来说，要观察自己生活于其中的社会，观察得越多，理解得越多，你对历史的理解就越深。打一个简单的比方，关于饿死人的问题，我以前以为没有吃的才会饿死人，到现在才理解并非如此。

傅适野： 罗老师在这本书的最后说："历史和故事不同：故事有主人公，有开始，有结束，历史没有。故事是江河，有源头有终端。历史是海洋，没有起点，也没有终点。"我读到这里有一些唏嘘，变化是可能在将来出现的。

罗新： 这几年对我来说出现了好多变化，外部的变化是改当业余园丁，内心的变化主要是我终于把思考的问题越来越凝聚到了一个点上。对于一个职业学者来说，平时的思考是很散的，遇到什么想什么，到了一定年龄，你会越来越希望自己想过的所有问题都能够用一个东西解释，这个解释最终不一定能成为一本书或成形的理论，但能够让自己的内心得到安宁。我很感谢这几年的各种机缘，让我开始想"人"是怎么回事。

其中一个想法就是，我们所说的历史，我们希望去叙述的历史，它是不是有一定的方向？未来会不会往那个方向变，向着你想要的方向变呢？我觉得会的，历史是有方向的。过去我们说历史没有方向、没有速度、没有节奏，一切都是混沌（chaos），我们只不过是在里边寻找一个叙述的线索，讲出一个自己想讲的故事来。但我现在认为，历史是有变化方向的——不只是在这个地方，也在其他地方，在所有我们能够找到的一万三千年以来的过程当中。

过去，人是历史的被动承受者，是一个数字，而今天有越来越多的个体参与到真正的历史当中。人如何变成具体的人、真正的人、完整的人呢？在几千年来的时间里我们看到，在世界上越来越多的地方，参与历史的人越来越多，追求平等，反对不平等，所有的斗争都在围绕这些展开。你不觉得吗？在理论上，所有人都可以成为历史的直接参与者和创造者。

到第三年，我毫无疑问比第一年时乐观，至少我终于理解了这些道理，想清楚了这些问题，所以我开始对未来有各种设想。我觉得自己对过去有了解释，从前我把它们看作混乱的、随机的、偶然的，但现在我觉得那些都是有意思的事情。

悲观就是力量，只有有远见的人才会悲观。当你觉得没用的时候，才是开始有用的时候。这个时候你才知道，原来它跟你有关、跟你的态度有关、跟你的立场有关，或者原来你是拥有这些东西的。

当然我要抱歉地说，对于一个学历史的人来说，这个时间的尺度很大。既然我想的是"人"的问题，不是我自己的问题，我的生命那么短，可是人类的生命很长，我的生命只是大家众多生命中的一部分。历史呈现出的是超越了个体生命的尺度，你的思考一定不是以个体生命为基本单位的。人类的特点就是每个人都会死，但人类这个物种却不会。人类是通过文化创造传承自己的，你可以没有孩子、没有后代，但是你的生命仍有巨大意义，因为你创造了文化，你的文化会成为未来文化的一部分。

知识分子、"六八"遗产与"小粉红":历史如何终结?

嘉宾:王炎

北京外国语大学外国文学研究所教授

在许多次对谈中,我们都试图探讨一些难以探讨的大的问题,关乎我们认识这个世界时所持有的立场、所拥有的框架、所怀疑的主义,希望在这个话语众多、指涉混乱的当下厘清一些具体的脉络、辩论一些具体的问题、实践一些具体的主张。在这次与北京外国语大学外国文学研究所教授王炎的聊天中,我们终于得以面对和回答一些元问题——这些框架本身来自哪里?理论与人群是如何分裂又汇聚?中国和西方的革命理论如何相互影响和塑造?这些革命遗产如何界定了我们当下的思考范式?中国知识分子从西方和俄国获得了怎样的遗产?他们在什么层面上对立、战斗,又在什么层面上殊途同归?当20世纪的意识形态斗争远去,我们是否已经失去了乌托邦的可能而囿于无趣的日常之中?在这种情况下,我们还有哪些价值值得追寻和坚守,又如何才能在后意识形态的时代争取社会正义?

王炎老师从1894年法国的著名冤案"德雷福斯案件"说起,公共知识分子在这一时刻登上历史舞台。在当时的语境下,知识分子是一个批判者和观察者,他们有道德、有良知,始终代表个人,他们反对封建旧制度,致力于推动资产阶级革命。与此同时在俄国,知识分子意味着苦行，意味着对民族和社会的强烈责任感，意味着和底层之间因距离遥远而产生的悲悯与同情，也意味着和权力之间更加难解难分的关联。在精神谱系上，上世纪20年代的中国知识分子更能和俄国知识分子共情。而到了60年代"文化大革命"，中国知识分子不仅经历了身份的转换，也经历了思想和意识的转换。这一运动的激进性被西方误读，成为"68风暴"中激动人心的信号和火种。当我们如今回看"六八"遗产，会发现它如同历史的分叉口，一方面标志着意识形态的分裂，一方面也酝酿了激进自由主义和左翼思想，在中国，这两个派别伴随着90年代的社会巨变而在知识界渐行渐远。

在21世纪的前二十年，我们不仅见证了中国公知的衰落和新左派的边缘化，也见证了以启蒙思想为根基的传统自由派和新左派的握手言和，以及具有民族主义色彩的"工业党"和"小粉红"的崛起。当世界再度分裂，当20世纪的意识形态之争终结，我们还剩下什么，又还能争取些什么呢？

01 "公共知识分子"溯源

傅适野：2019年波兰斯基拍了一部名为《我控诉》的电影，影片改编自法国历史上的著名冤案"德雷福斯案件"（1894年，法国犹太裔上尉阿尔弗雷德·德雷福斯被错判为德国间谍，被判处叛国罪），公共知识分子在这一事件中起到了非常重要的作用。公共知识分子是在那个时候出现的吗？

王炎："公共知识分子"这个词、这个概念、这个群体，应该都是在这起法国间谍案中开始慢慢形成的。这个电影是一个特别好的引入点，但它在形式上还是一个侦探片，以一个上校的视角来谈这个案件。影片更注重案件本身，而非政治和意识形态，一路很低调地把故事讲完。事实上，这段历史已经超出了军事情报的意义，乃至在法国思想史上，甚至在世界知识分子史上都是一个划时代事件。对于左拉、普鲁斯特等法国知识分子，特别是左拉而言，案件如何、德雷福斯的命运如何，并不是他关注的重点，也不是他真正要解决的问题，他更多是在"借题发挥"，这个案件成了一个特别好的载体。而且左拉作为小说家，名气主要来自他的自然主义小说，同时他的小说中也有着特别强烈的社会现实、社会角色和社会批判色彩，这也是他和其他同代人及前代人（比如福楼拜和司汤达）的区别——后者更倾向于知识分子内部审美，聚焦文学本身和文学作为艺术的写作；左拉很不一样，他的出身就不是优雅的中产阶级，他有着特别强烈的对底层的关怀和对社会的批判，也积极参与了这一事件。

"我控诉"既是电影的名字，也是当年引起巨大轰动的文章标题。我们今天不会觉得因为某个社会事件知识分子站出来写联名信是多么特别的一件事，但是在1898年1月，这引发了大的轰动。为什么我们说公共知识分子是在那一刻产生的呢？有人甚至说，就是在1898年1月13号，"公共知识分子"这个概念诞生了。

以前的知识分子都术业有专攻——写小说的就写小说，关注书的发行量和与出版商的关系；是大学老师就教你的经典，教你的专业；是艺术家就做专业的艺术家。大家都各司其职，并没有机会让他们完全不管自己的专业，不管自己的领域，汇集到一起，对同一个并不真正了解的事情发声。这在19世纪末的法国乃至全世界，都是全新的。当时的右派/保守派们质疑：你有什么资格发声？第一，你了解案件吗？第二，你不是学法律的，也不是做警察的，你凭什么发声？放在今天这是无须质疑的常识，但在当时这些是特别大的问题。

也正是在这个意义上，"知识分子"这个词出现了。intellectual在法语中更多用作形容词，意为过分修饰的人、曲高和寡的人以及做事没有常性的人，有很强的负面含义。一个保守派的小说家当时指责说，你们这些联名者都是些什么人？是犹太人、外国人和傻瓜，是知识分子！这个词相当于政敌对他们的侮辱。但这些人顺水推舟，说我们就是知识分子。从这个时候起，"知识分子"一词开始发生变化，后来一点一点慢慢演变成今天的意思。

我想当时左拉等人都没有意识到他们的介入意味着什么，因为这是一个长达几年的审判过程。在这个过程中，"知识分子"开始有了新的含义。第一，Ta们站在道德制高点，其介入不是因为Ta更了解案情或有专业知识，而是因为Ta是民族的精神和民族的良心。如此，道德意味就出来了，知识分子在Ta并不了解的社会实践中站在了道德制高点上，表示批判和反对。"I accuse"这个题目是左拉把公开信发给《晨曦报》(*L'Aurore*，又译《震旦报》)之后编辑加上的，到今天成为一桩巨大的遗产。第二，知识分子作为批判者和观察者，和民众、官员都不一样，Ta的视角是客观的。第三，知识分子是个人，不代表机构，也不代表党派。左拉自我流放到英国，他自始至终都是作为个人。

知识分子是有道德的，有社会良知的，同时又是个人主义的批判者。所以将他们称为知识分子的政敌们在文章中说，你们是外国人，是对国家不负责任的人，同时也是 the cult of self，是自恋的人。在后来的"知识分子"一词中，这些含义也一直隐含其中。

1898年的德雷福斯事件有一个更大的背景。法兰西第三共和国

1870年建立，在其诞生后的很多年中，官方和民间曾展开多次讨论：是回到旧制度还是继续共和？在法国，旧制度是一个特殊的概念，即所谓ancient regime，涉及王权的天主教化。法国跟英美特别不一样的一点在于，它是一个集权社会，权力高度集中，文化状况更接近于中国，有集中的传统。显然，这场运动对于左拉和普鲁斯特等很多进步知识分子来说，是关乎继续共和——1789年的传统——还是回到旧制度的问题。所以公共知识分子所抗争和控诉的，实际上是军方、政府和民间的所有保守势力和保王势力。

保王势力认为天主教是最重要的，认为传统的法国生活是最重要的，认为法兰西民族是独特的，认为外国人——特别是犹太人——对法兰西精神和文化是一种污染，必须剔除他们才能保持法兰西文化和文学的纯洁。以左拉为代表的所谓左派阵营，则在这场运动中强调自由、平等、博爱的1789年大革命传统，主张包容、宽容、多元和资产阶级政府。"知识分子"这个词就是在这样的语境和历史背景中产生的。当这个词被翻译成中文的时候，它一定会发生特别巨大的变异，因为中国从来没过这样的历史环境。

张之琪：许纪霖曾在一篇探讨知识分子的文章中提到葛兰西对于知识分子的分类，一种叫传统知识分子，一种叫有机知识分子。他认为左拉代表了一种传统意义上的知识分子，用今天的话说是一名自由职业者，不依附于任何体制，无论是国家、学院还是某种商业体制。就像王炎老师刚讲到的，他正因这一身份而有了一种客观立场。有机知识分子跟阶级的关联更深,他为某一阶级代言,立场跟某一阶级的利益一致。王炎老师怎么看待这个分类?

王炎: 如果从马克思那种更加宏大叙事的角度来说,传统知识分子和有机知识分子都代表资产阶级。对于左拉而言,确实法国在挣脱所谓封建旧制度,然后进入一个新的、共和的、资产阶级的制度,是以商业而不是以权力为逻辑。在上世纪八九十年代的中国,我们都能意识到权力逻辑和市场逻辑这两套逻辑的存在。其实法国在18、19世纪也是如此,从1789年革命到后来1830年、1848年之后的多次革命,都有这样一个问题——摆脱旧制度,摆脱以权力、以君主制、以官僚阶层和教会为核心的制度。天主教一直在法兰西历史中扮演很重要的角色,这是我们中国文化中没有的。

伏尔泰有一篇著名的文章叫《伦敦股票交易市场》,激发了很多人包括后来的启蒙运动。他在文章里写,启蒙运动一开始并没有那么高大上,道德性并不强。无论你是天主教徒、新教徒、犹太教徒,甚至穆斯林,一旦进入交易市场,你就不再有任何文化和历史身份,有的只是价格多少、钱能不能收回来、能不能找到买主,有的只是买家和卖家。然后你回到家里,晚饭前和孩子们一起祈祷,你又回到了你的文化身份中去。这就是启蒙运动包括法国历次革命的意义:你究竟是一个所谓民族身份的人,还是一个商业的人、一个资本主义主体。

在19世纪末的法兰西,知识分子要求的历史进步都是在推动资产阶级革命的意义上探讨的。到20世纪60年代历史语境已经不一样了。

02 / 中国知识分子谱系：从民国到"文革"

傅适野：60 年代比较有意思的一点在于，中国和法国之间存在镜像关系。中国发生了"文化大革命"，法国则是"五月风暴"，这是否构成"知识分子"这个词进入中国的连接点？

王炎："知识分子"进入中国特别早，民国初期就已经有了，那时候翻译成"智识阶级"，intellengentia。这个概念更接近俄国式的，虽然词根还是法国的词根。现在英语中 intellectual 和 intellengentia 这两个词的渊源是不一样的。中国先接受的是俄国意义上的知识分子或知识阶层。

什么意思呢？

从 19 世纪末到 20 世纪初二月革命和十月革命之前的俄国，其实是一个农业国家，中国的知识分子在二三十年代更能够移情托尔斯泰和陀思妥耶夫斯基这代知识精英，而不是法国知识分子。首先因为这些人数量特别少，特别精英。一直到民国时期，尤其是军阀时期，中国的文盲率都极高，俄国也是这样。在所谓白银时代，即便出身贫寒，你当了知识分子就脱胎换骨了，就和你的阶级彻底告别了。

我们也有这样的例子。比如沈从文。当然他在老家的时候不是特别穷，但到北京之后，他也是慢慢从边缘人走入中心的。这特别能说明俄国知识分子和中国知识分子的状态——极少数人极其精英，和权力阶层难解难分，同时有特别强烈的为民请愿、为民做主的使命感。左拉绝对没有这种"我是个智者"的观念，在左拉眼里，他自己只是有良知、有批判精神而已。而在第三世界和后发国家，其实知识分子都是智者，Ta 应该一方面启发统治者，一方面为民请愿，成为上传下达的一个重要媒介。这种知识分子有一种苦苦的自虐式的道德期许，对自己的道德要求极高，比如要像圣人那样，对整个民族和社会有强烈的责任感，有治国平天下的那种士大夫精神；同时俄国语境中还有 cosmopolitalism 精神，意为见多识广之人；另外，他们是一个特殊阶层。民国知识分子在精神层面上有着西方的思想，但恐怕 Ta 们的自我体认是更现实的；是社会的选择而不是道德上的选择把 Ta 推到金字塔尖上的。

所以那个时候的知识分子首先跟底层离得特别遥远，比如周氏兄弟在写作中谈到人民痛苦的时候，有一种居高临下和充满慈悲的悲悯，跟俄罗斯知识分子挺相似的。另外，徐志摩那种生活的优雅，那种尽可能英国化的生活方式，那种审美和当时极其贫困的北京社会之间的落差，正是那一代知识分子的经验。

到 60 年代，中国已经经历了巨大的思想解放和毛泽东对知识分子的重新改造和定位。知识分子首先是劳动人民，而且要接受劳动人民的再教育，必须深入到群众之中，彻底脱胎换骨。这个时候知识分子已经开始往"臭老九"那个方向滑了，和民国时期的含义很不同了。

"文化大革命"和知识分子的处境直接相关。从毛泽东的政治理念和他60年代与苏联的辩论中能看到，他的世界图景越来越清晰，即文化不再是资产阶级的文化，文化不再是一个有闲的、有奢侈生活的阶级的审美，文化应该是无产阶级的，应该是劳动人民的，应该是无产阶级的意识形态。这当然是从经典的马克思主义、列宁包括苏联而来，毛泽东在"文化大革命"中做得比苏联更彻底。在毛泽东看来，苏联到了斯大林时期特别是赫鲁晓夫时期，就是一个社会主义文化和社会主义政权的蜕变过程，也就是修正主义修正的过程。这个修正是什么？是特权阶层出现了，文化又开始变成了资产阶级的、和劳动人民无关的、有闲阶层才能欣赏和审美的东西，文化又变成了特权。所以"文化革命"的一个特别重要的任务，一个是改造知识分子，更重要的是改造官僚阶层，让官僚阶层从特权进入普通民众的生活。

最重要的不仅是身份的转换，而是思想和意识的转换。如果你仍然具有资产阶级的文化、价值和思想意识，即使你身份转换了，把你派到了农村，有朝一日一旦有机会，你还会回到特权的资产阶级位置上来。所以这场革命是想改变人的精神，改变人的文化，改变人的思想。这场运动足以刺激西方的极端自由派和自由左派。所以在1967年的美国和1968年欧洲各国的学生运动中，有很多人举着红宝书，很多组织和学生都连篇累牍引用毛主席的著作。"文化大革命"中思想的激进性，刺激了整个知识界的思想碰撞。

和中国的叙述并不相同。阿兰·巴迪欧说这场运动最大的悖论在于"the rebel in charge"，反叛的人有全权，这是一场不可能完成的革命。为什么这场运动会被误读，会被整个西方——包括欧洲各国、美国和日本——接受，因为这是一场真正触及灵魂的"文化革命"，它的目标和口号非常清楚，反对一切权威，反对一切权力，甭管你是政治特权、经济特权还是学术特权。

1973年中国有部电影叫《决裂》，讲的是在江西考大学，入学考试是看你手上的茧子有多厚，厚的人就能上，茧子薄或没有茧子的人就不能上。这是多大的一个颠覆。我们传统中是精英统治（meritocracy），这是我们完全内化的东西，谁有本事谁有能力，谁就应该往上走。但这部电影说不是这样，谁劳动谁有资格。在这个意义上你能看到，在中国，首先这不是一个知识分子自发的运动，而是一个当权者发起的运动；一旦学生真正失控，就出现了"武汉七二〇事件""百万雄师"等一系列悖论。

03 / 全球范围内的"六八"遗产

张之琪：1968 年的遗产在西方社会非常重要。我做记者时采访过法国历史学家丹妮尔·塔达科夫斯基 (Danielle Tartakowsky)，她谈到，当我们谈论 1968 年、谈论"五月风暴"的时候，我们的所指是很不明确的。它究竟指的是什么？是运动达到高潮的二十多天，还是从学生开始罢课到戴高乐再次当选之间的这段时间，或者是 1966—1969 年比较动荡的这三年，还是一个更长的历史时期？她已经六七十岁了，在跟法国年轻人聊"六八运动"的时候，这些人问得最多的一个问题是："六八"到底是什么时候结束的？她有一个很好的答案：当人们相信这个世界不会再变好的时候，"六八"就结束了。这个很有意思，"六八运动"在西方有一个遗产，但这个遗产在今天可以说已经覆灭了，我们已经不相信未来可以通过运动或者抗议的方式变得更好了。王炎老师可不可以讲一下"六八"在其他西方国家的遗产是什么样的？

王炎：分期的问题很有意思。如果在法国以戴高乐重新掌权来计，这是一种历史事件意义上的分析。也就是说在这之后，整个运动的规模、人数、激情、破坏力等都开始走下坡路，运动开始变得分散，变得零星。在法国、德国以及意大利，几乎都有这样一个过程，即从一开始的猛烈爆发到后来赢得广泛支持。在法国有大规模的工人参加——这也是戴高乐非常紧张的最核心原因；在德国，市民全部支持，送东西，在各种场合声援学生，包括在早期对自己孩子的参与表示骄傲。但很快热情就开始冷淡，后来市民开始为孩子担心，强迫孩子待在家里不许出去，再后来开始说这些人在搞破坏，是暴力的。

  在法国、意大利、德国和日本，运动消沉之后发生了什么呢？大部分学生回了家，复了课，少数学生说"不能完"，这个"不能完"就一直到了 80 年代。所以，这是一个极其漫长的过程。"不能完"要靠组织，于是就涌现出了各种地下组织，这场运动开始出现全新的面貌——在德国出现了红军派，在意大利出现了红色旅，在美国出现了黑豹党、"地下气象员"，在日本出现了联合赤军，在法国组织就更多了……新冠之后 2020 年 6 月的航空总量是和上世纪 70 年代持平的，也就是说，70 年代航空业高速发展，出现了各种各样大型的长途旅行飞机，但因为这些组织的存在，劫机变成家常便饭，所以 70 年代的航空极其不安全。日本赤军和德国红军派联合，红色旅、红军派和巴解（巴勒斯坦解放组织）联合，等等，这种跨国、跨区域的革命渐渐变成了恐怖主义。后来的恐怖主义的基本技术都是他们奠定的，包括西方各国的反恐部队，也都是为了应对这些"六八遗产"才建立的。

所以对于葛兰西来说，直到80年代末，这个运动都没有结束，因为他觉得红色旅是"六八"合法的延续。对于政府来说，在60年代他们认为学生运动是一场文化运动或者文化革命，到了60年代末70年代，他们认为这就是恐怖主义。

从思想史和文化史的角度来说，"六八"遗产还有另外一个角度，特别是我们在今天看到"占领华尔街""黄马甲"以及"黑命攸关"（Black Lives Matter）这些运动之后，站在21世纪看1968年，我们能看到不同的东西。20世纪作为意识形态的世纪，因为人类一种系统性的观念——比方说社会主义、共产主义和自由主义、启蒙主义——世界被分成齐整整的两大块，天天打，这是人类历史上从未有过的，没有哪个世纪人们会为一种观念——当然有时候会因为宗教，但宗教和意识形态战争特别不一样——决裂，然后分成阵营，格格不入，彼此隔绝，自己发展自己的制度，然后向另外一个阵营证明我的观念、我的主义是最美好的。这个世界极其特殊，"六八"是这一特殊世界的登峰造极的理论实践。

我们说的"六八"并不是法国的"五月风暴"，而是包括1967年美国的反战和后来整个西欧的反战，也包括日本。这里有两部分。一个是激进的自由主义，激进自由主义通过艺术、流行歌曲和学术、后现代理论等方式来表达，它更强调文化创新和思想创新。另一部分是左翼，左翼谈得更多的是观念和实践的关系——我们怎么才能把公平正义和进步主义的观念落实到社会生活之中？我们怎么让明天变得更好，而不是更坏？今天整个西方学术是"六八"的基本结构，它的问题意识、学科设置、学术目标和学术规范、包括所谓职业伦理（professional ethics），其实都是"六八"的。

"六八"对于资本主义和社会主义两个阵营来说，都是一种巨大的反叛。在资本主义阵营，它反叛的是像戴高乐、林登·约翰逊，包括后来的尼克松还有德国的库尔特·基辛格这些所谓保守的、代表着过去传统权力和白人传统价值以及所谓民族文化相关的一套价值。在社会主义阵营，毛泽东是反什么的呢？他反的是已经官僚化的、以赫鲁晓夫和勃列日涅夫为代表的、干涉了匈牙利事件和布拉格之春的、已经修正化的、带着社会主义标签的帝国主义。两个革命都是反叛的，都是政治异见性的，同时两场革命都很快终结了——在社会主义阵营，"文化大革命"很快结束，林彪叛逃之后整个"文化革命"的动力也丧失殆尽，马上中美建交，整个社会主义阵营开始出现瓦解；在自由世界中，学生回到学校，成为教授、成为学者、成为小说家、成为文化的精英，另外一些人则成为"恐怖分子"。

04 / 中国自由派和新左派的渐行渐远

傅适野：激进自由主义和左翼的分野，对于中国在八九十年代知识分子形成自由派和新左派的分野是否也有影响？

王炎：对。对于社会主义阵营走向终结，最重要的论述就是福山的《历史的终结及最后之人》。当时冷战没结束，他只是看到了社会阵营中的很多抗议活动，就基本上预测得差不多了，他马上想到的问题就是：如果没有了社会主义这个大的意识形态，剩下的应该是什么？他在1989年想到的只是西方阵营的资本主义意识形态，黑格尔式的制度演进就停止了，辩证法就没有了，因为正题和反题少了一个题，那么它就静止了下来。

80年代苏联开始"解冻"，东欧的波兰、捷克出现了各种各样的地下组织和抗议活动，各国的社会主义政府都开始松动。中国在1978年已经开始提出改革开放，重要的一点就是反"两个凡是"，"实践是检验真理的唯一标准"，然后"摸着石头过河"，这在1978年、1979年、1980年都具有相当大的挑战性。我们不再相信任何一个教条式的真理是大写的真理，不再相信这样一个主义能够指导我们的生活，我们要的是实践。实践是检验真理的唯一标准。这和整个大的环境、整个社会主义阵营的松动是同步的，但中国走得更快。这个时候就出现了80年代的中国知识分子——中国知识分子既有独特的部分，又有和西方知识分子相似的地方。

我记得在80年代初期和中期，《读书》杂志发了好多篇文章，当时的主编是沈昌文，他开风气之先，提倡读书无禁区，思想无禁区。当时发的文章有几类，一类是刚才我们说的左拉所代表的激进自由主义，当时左拉和启蒙思想是被反复书写的，另一类是研究俄国背景的知识分子，就是前面提到的俄国19世纪知识分子，同时，索尔仁尼琴（《古拉格群岛》作者）和萨哈洛夫这样的人也被放到了整个俄罗斯知识分子群体之中。

这体现了两个维度。第一，左拉线索或者西方知识分子线索，强调自由和市民社会，但这是纯观念的，因为市民需要城市，可北京是个大农村，没有市民。所以这一派在当时是纯观念性的，是概念推导式的。第二，在俄国这条线索中，为民请愿出来了，士大夫的东西出来了，即以死相拼也要为民做主那种知识分子的责任和义务。这个线索还伴随着一个异议的、不同政见的线索，是从古拉格苏联时期的异见人士中吸取的营养，这个线索主要是批判社会主义和斯大林式的专制，批判整个社会主义计划经济所造成的官僚和一切弊端。

所以回看80年代，所有人都是自由派，没有左派，所有人都是公知。今天最顽固（diehard）的左派在当时也是公知，基本没有例外。80年代整个被称作"新启蒙"，不断酝酿着大的社会运动。社会运动的出现是和这整个十年的思想积蓄直接相关的。这些积蓄中一个是比较激进的自由主义，我觉得这更多是理论化的、是在学院中的，特别集中于对西方思想感兴趣的人。当时有几个人介绍法国思想，但很少有人介绍20世纪60年代之后的思想，大家介绍的都是19世纪到20世纪初的启蒙思想传统，比如密尔（约翰·斯图尔特·密尔）、洛克、孟德斯鸠，都是在启蒙，呼唤自由和市民社会，呼唤市场，因为谁也不知道资本主义是什么样子，所以这在当时几乎是共识性的。那场运动能量巨大，但它和社会现实是脱节的，它是一个学院式的运动。当时的大学生叫天之骄子，有了大学文凭就跟别人特别不一样，他们和市民、和百姓之间有一条不可逾越的鸿沟。所以当大的社会运动来的时候，百姓和知识分子之间根本就不可能交流，一边不要通货膨胀，不要太（推进）改革了，这太快了，不要市场，一边在提倡自由民主，完全没法沟通。

后面就进入了90年代。90年代有一个巨大的变化，从浪漫的启蒙运动和纯真年代——"文革"之后产生了一个高度的纯真年代，人们突然发现我有那么多不知道的东西，世界是那么美好；所以你要问起那些老人，所有人都说80年代是最美好的，因为确实是突然开放，一切东西都是那么新鲜——到了90年代的现实主义。

1992年邓小平南方讲话，各行各业包括知识分子都"下海"，商业大潮的来临和消费文化的兴起，企业改革，抓大放小，国企推向股票市场、股份化。到90年代中期开始有大量的失业人口，下岗待业的人越来越多，农民工开始从乡村涌入城市，大家发现市场经济并不浪漫，好多东西跟理论不一样，资产阶级甚至面目可憎。这个时候就出现了知识界的分裂，巨大的分裂，就出现了新左派。首先公知派那些人开始彼此不认同了，有人实在看不过去这么多下岗的人、拿不到工资的农民工和流动人口，对他们产生了巨大的同情。这些问题的存在和快速向前进入国际社会的希冀，这两个影像开始出现重影，分裂开始了。

80年代最有影响力的一部分人基本认为，没错，还是那样，大方向是对的，但是要有阵痛，要经历一段所谓市场经济的原始积累；必须继续生产，等到物质极大丰富之后，我们才能真正进入现代市场经济；市场经济的法制需要健全，现代生活我们需要适应。另一些人就不相信，说发展也需要公平正义。于是这两派开始渐行渐远。1997年汪晖在《天涯》发表了一篇文章《当代中国的思想状况与现代性问题》，我觉得这是一封新左派出现的宣言书，他当时的一个重要预测是，中国不再是社会主义国家，而是全球资本主义的一个生产环节。当然大多数人不同意这个观点，但是文章带来的冲击力很大，也就是说，我们以为80年代过去之后什么都没变，仍然在发展和斗争之中，但另一部分人说其实我们都走过头了。左派阵营和自由派阵营开始分裂。

在这一分裂过程中，左派阵营是最活跃的，从开始特别弱小然后迅速膨胀。当然学院里年轻的学生成为重要主体，因为很多学生是从边远贫困地区来的，这些观点和他们的经验是相通的。这个时候又来了理论上的支持——一个是启蒙的辩证法出现，60年代之后的后现代理论进来了，居然也可以批判启蒙，居然也可以反思整个的启蒙思想，而且这些反思高度复杂、高度理论化、高度思辨；还有一个是后殖民理论，它在民族自豪感和中国的百年屈辱之间挑动着另外一根神经。

我们现在说的"公知"这个词指向就开始变窄了。那些80年代最早引入启蒙思想的人，也是最激烈、最活跃、最有影响力的那一代人，在这个时候开始变得教条起来。他们在重复自己。

05 / "工业党"和"小粉红"的崛起

傅适野：如今不管是国内还是国外，政治光谱都十分混乱。刚刚我们也聊到，从 80 年代到现在，国内的自由派和新左派怎么越走越远，最近我也观察到一个新现象，国内很多自由派都变成了"川粉"。王炎老师能不能给我们讲讲这个转变？

王炎：后来发生的一系列事情加剧了 90 年代以来的变化。一个是 1999 年轰炸大使馆，使得知识界一个新的派别——民族主义 / "说不派"越来越清晰。"说不派"的声音渐渐越来越高，和新左派变得难解难分，好多粗犷的分类会把它放到左派序列之中。也就是说，这时有学院左派，也就是新马克思、当代思想；也有后殖民这一派，可能更多谈文明秩序等；还有一派"说不派"。

1999 年之后，随着时间继续推移，中国社会也开始发生越来越多变化。首先，全球化和资本主义对于中国人来说，不再是电影和书里的知识，而是经验。各种各样的合资厂、大品牌都进入了中国。另外，从消费文化的角度看，我们的城市——尤其是北京在 2008 年奥运会之前——变化巨大，贫富继续分化。这个时候学院左派的思想和话语就开始变得越来越娴熟和复杂，引进的西方批判理论就越来越自洽。因为这个时候你和西方的距离近了，所以这些东西都开始好用了起来。而"说不派"和草根之间越来越紧密，草根开始出现身份政治的问题，其实这个身份政治和中国变得强大有特别大的关系。另外媒体对中国出现一些负面报道，百姓在去香港地区或国外旅行的时候被歧视等，这些使得民族主义变成了一种经验性的东西。

2008年奥运会的火炬传递让草根民族主义接地了，新崛起的"80后"和留学生在2008年全程参加运动，最经典的标志就是脸上贴一个五星红旗带着一个心，"我爱中华"。大家都感叹"80后"不像以前说的都是失落的一代、垮掉的一代、没有行动力的自私的"我一代"（me-generation），他们很强，在法国、美国等全世界都已经形成特别大的影响力。这个时候，民族主义和左派之间（的差别）就更加清晰化了。巨大的草根力量到2008年之后开始形成越来越完整的表述，后来我们就管它叫"复兴党""工业党""小粉红"。进入21世纪第二个十年，形成了一个极其有群众基础、有巨大动员力的流派。与此同时，新左派开始越来越被挤到边上，他们开始困难地找自己的位置。因为他们变得可疑，一方面你批判资本主义，另一方面你批判政府是资本主义的代理人，在各种各样的政策和具体的国际事件中，你到底站在哪儿？

问题不在传统公知。他们一直就是异见者，一直是外边有"灯塔",一直是批判,所以一点问题没有,他完全自洽,但是他的群众基础越来越少。新左派的阵营开始大量失去上世纪90年代到21世纪第一个十年聚集的规模巨大的信众（followers）,也开始失去自己的阵地。很多新左派的人就面临着抉择,要么进入"工业党"或者"复兴派",开始写官样文章,要么坚持左派立场。如果选择后者,你在每次批判过程中都会投鼠忌器,因为你不知道批的到底是国外还是国内,有点尴尬。一遇到巨大的国际事件和危机的时候,你既希望中国政府强大、可以保护我们、在国际问题上有发言权,然后你又说它不对,说它特别资本,很纠结。21世纪的第二个十年,新左派正在失去影响力,甚至和公知一样在渐渐淡出。

这时候"工业党""小粉红"就变成了一股十分巨大的力量。它的谱系是上至高校,下至卖菜的、打工仔,大家共享同样的意识形态。我们不做好坏的评判,只做描述。特别在新冠这类大的国际危机面前,似乎在不断地证明"工业党"的正确性。

06 / 意识形态的终结和底线的坚守

王炎：反过来"灯塔"就成了一个特大的问题。某种意义上这个问题是自由派和新左派共享的。新左派面临的是白左的问题。你到底是哪个左，你要是跟白左一样，那你就是自由派；你要是老左或者说国左，你就是"工业党"和"建制派"。所以最后很多人都脚踩两条船，白左和老公知之间的距离越来越近，很多人就身兼二职，既可以是左的也可以是自由的。自洽不矛盾。

为什么不矛盾？这是一个真正的理论问题。回到我们刚才讲的，20世纪是个意识形态的世纪，别看两个阵营互撕得一塌糊涂，但它们共享一个启蒙进步的传统，撕的是大政府还是大市场的问题。但是到了21世纪"后意识形态"时代，当意识形态成为过去——福山说我们生活在一个后黑格尔的时代，VCR录像机统摄一切，人没有一个整体观——第一，这种生活是不是很无趣；第二，你没有任何乌托邦的可能性；第三，人没有激情，完全生活在日常之中。这是福山在1992年的专著《历史的终结及最后之人》中提到的，今天看来这又是一个挺准确的预测。在一个没有意识形态的新的世纪中，没有乌托邦，没有弥赛亚，只有特别现实的实力、技术和经济。只有在这样的时代，身兼二职的人才能自洽：对他们来说，市场也不那么好，因为它不公；国家也没那么可爱，因为它不正义。所以这样的人站在进步的立场上是恰当的，我要的是正义和公平的世界。因此，在第二个十年，新左派或白左和传统自由主义可以握手了，因为他们都是仍然抱有乌托邦和意识形态关怀的一批人。

剩下的这些老自由派，他们就要市场，不觉得不公和效率之间的矛盾是问题，因为这是一个中间的困难，只要有美国式的民主存在，那它就是能克服的。之前有一个关于"黑命攸关"和政治正确是否太过分的座谈，实际上谈的就是对正义和公平的要求阻碍了传统的经典的启蒙的大跨步前进。换句话说，回到左拉，他提倡一个资产阶级政府，一个市场，一个通过物质极大丰富、通过生产让整个社会富起来的过程。但是这里必然有一个一部分人先富起来的问题，这是没办法的选择，他认为这个问题在资本主义内部是可以通过长时间的资本主义、通过法制、通过民主解决的。但是当美国现在说我们不能解决，我们要用另外一种方式的时候，这些老自由派的信念相当于就没有了。

这条路本来应该一直走到底的，也就是说福山说的不应该再进化了，没有新的制度可以再替代了，只有这套制度是唯一可能的制度，这个信念是不能变的。但突然出现很多人质疑这套美国式的民主、西方式的民主，他们采取的是一套更加传统的、民粹的或古老的19世纪的方式。

阿兰·巴迪欧在给一本书新写的序言里提到这个问题，他说 21 世纪的各种运动不可名状，我们的现成语言都不能描述，这些运动爆发得极其剧烈，但是无疾而终，不实现任何东西，不通向任何地方。怎么办？他提出，一个出路是，所有的运动都应该服从系统性的观念，也就是大写的真理，其实又回到了 20 世纪，另一个出路就是，服从无条件的公平与正义。

我觉得对这个问题的观察正是 21 世纪这二十年我们遇到的共同问题。当我们不断地说"黄马甲"是左的，以及"占领华尔街"时好多左派高兴地说共产主义的船又开始起航了，其实根本不是。这是一个没有意识形态的世界。任何一场运动都没有一个系统性的观念，因为这种系统性的观念需要一个组织来执行，需要持久，需要一个又一个的阶段。整个 20 世纪的革命史就是这样一部历史，苏联革命和中国革命都是这样的，按部就班地创造了一个社会主义新社会。

但是 21 世纪似乎根本没有这样的迹象。第一，谁想领导谁？门也没有。第二，我根本就不信你跟我说的那一大套，咱们说税就说税，说不让移民就把移民政策改了，一件一件来。所以在这样的时代，说"川粉"实际上是个误区，因为川普从来就不信"灯塔"和美国主义，他是最大的异类，他是个反叛者，我觉得他在某种意义上是这个时代的产物。

张之琪：您觉得无条件的公平和正义能提供一种替代性选项

(alternative)吗？还是说它是大家的一种妥协，我没有办法听你的，你也不听我的，那我们就取一个最大公约数？

王炎：很可能是谈判。它实际上是个底线性的东西，我有一些最基本的东西你不能拿走，这可能就是在抗议和运动中创造一些底线，你不能让你的权力肆意妄为。这真是一个最底线的、退到最后的方案。21世纪并不缺乏运动，这些运动基本就是让民众仍然能有表达的可能性。"弗洛伊德事件"引发的"黑命攸关"运动，实际上要求的东西极其基本，最起码你拿我的命当命，这是最基本的。如果你说我有更高的目标，可以牺牲这个底线，不行，这是底线。如果连这个坚持都没有，世界就没法控制。也许这是整个进步主义或者仍然有进步理想的人在这个时代唯一可能做的东西。

学院、学术与公众
表达：知识的民主
意味着什么？

嘉宾：王炎
北京外国语大学外国文学研究所教授

置身2024，当高校在我们眼中变成内卷、异化、控制、流水线的代名词，既消耗"青椒"，也消耗学生时，我们恐怕很难想象，在上世纪80年代，高校曾经象征着自由、野生、激情与创造力。回溯这段历史，并不是缅怀曾经的纯真年代，正如王炎老师所说，这样的纯真年代是否真的存在过，以这十年空档期为原型是否公允，都需要打一个问号。回溯这段历史，也并非试图溯源，探究因果，为当下的诸多现象找到源头，做出诊断，对症下药。或许历史本就不是我们以为的线性的、不断向前的，或许历史本就是混沌的、无序的、不规则的周期性摆动。而一切归因的、后见之明的解释，都只是在不确定性中寻找确定性的渴望。

回溯这段历史，或许有助于我们勾勒一个谱系，找到一个坐标，看到什么问题在当下是重要的，什么问题已经失效，以及什么问题是我们无法解答但仍旧值得探讨的。在这次对谈中我们试图讨论，上世纪90年代高等教育的普及和学术研究的专业化如何改变了中国知识界的版图？学院的体制化和专业化造就了什么，又抹杀了什么？媒介的改变和互联网的崛起如何重塑了我们的知识结构？"整体"如何衰落，

"碎片"和"局部"如何兴起?当话语霸权和中心消失,我们面对的将是一个怎样的世界?在知识日益民主化的时代,公共知识分子还存在吗,还发挥作用吗?以及,在一个去中心化的时代,大家为何又渴望"强人"的回归?

01 / 上世纪 90 年代中国知识分子的学院化和专业化

张之琪： 从 90 年代开始，中国大学出现了普及和扩招，很多知识分子变成了学院知识分子，知识分子的专业化程度也明显提高。这和王炎老师讲的理论译介很有关系，这些理论最初是在学院里传播的。今天很多人提到福柯讲的"特殊知识分子"这个概念，认为新左派属于特殊知识分子，他们有过成熟的西方学术训练，所以在反思跟权力之间的关系的时候，背后会有一套福柯的知识/权力视角。过去我们对权力的理解是比较实体化的，是体制和市场双轨的思维方式。但福柯是用一种关系的视角看这个问题，导致不管是在现实制度还是思想资源上，都跟之前那种公共知识分子有了很大不同。

王炎： 这个描述特别准确，也是特别重要的一个视角，即学院的变化。拿北大来说，80 年代北大没有这些新楼，都是旧楼，教室挺大，教室里边坐的很多人不是学生，什么人都来。老师讲的也很不专业，但是很有激情。第一，人文这块讲的都是经典德国古典哲学和启蒙思想家，历史也都是经典历史学。第二，那些老师正好是上一代和下一代断层之间的老教师，坐在那吐沫星子四溅，胸怀祖国、放眼世界，听的人也都是业余的，听得特别高兴，特别有共鸣，大家在课堂上什么都可以问，但基本上都跟社会相关、跟国家相关、跟未来相关。下课之后继续讨论，有时候深夜了还在未名湖边的亭子底下吵吵吵，大家都不讲学术规范和学术训练，但就非要找出道路来，觉得道路一定能辩出来，主要看你努不努力思考。

90年代之后，首先是80年代初的公派留学生开始回潮，其次是突然有了学术规范——要求发表多少篇文章，在什么类型的期刊发表，需要体例、脚注、文献综述等，当然这些都是照搬西方，但这些淘汰了一大堆人，老教师一辈子述而不作，基本上没法评职称，只能退休。专业期刊慢慢具有了重要地位，写作就得按专业期刊的要求来。接着后现代和当代理论进来了，出现了一波"理论热"，并且持续到二〇〇几年。这就是学院的体制化和专业化，最后也出现了李零那篇重要的文章《读网有感——学校不是养鸡场》。另外还有扩招问题，博士多了，硕士也多了。这一系列特别大的变化，都是在90年代到二〇〇几年之间慢慢完成的。

这时候（高校）就豢养了一大批所谓专业知识分子，对于社会问题这些知识分子可以不做左拉那种意义上的发言，而只在学科内发言，只发在专业期刊，这样一来，这些人评职称的速度会比发那些"没用的东西"的人快得多，而且这些人可以成为业内的专家。在专业知识分子中，左派比较多，学院派更多地进入了泛左翼阵营之中。80年代的公共知识分子有点像过去的前清遗老，内容还是那些非专业的、社会性的、参与性很强的东西，大多年龄也比较大了，当然其中也有一些年轻人。

张之琪：这其实还是跟西方的学术传统有关系。

王炎："六八"遗产的整个基调是自由左翼的，如果你是个老保守，基本上就是政治不正确的。加上其后海外留学生大量回潮，我们又派出了大量的学生留学和访学，专业性在这个过程中不断加强。这些人写的东西一般人没法看，都跟天书似的。其实整个后现代都有这个问题——现当代理论中有大量话语游戏和文字游戏，需要学术训练和门槛，这些都体现在了后来的当代学术中，非常明显。

我以前在《读书》发了一篇文章《网络技术重构人文知识》。我发现有了网络之后，出现了一个特别巨大的变化，我们过去的泰斗都是康德、黑格尔、爱因斯坦和居里夫人，包括福柯，都是大家，现在这类人越来越少了。当然一方面成为大家需要时间积累，但另一方面，媒介的变化在改变着我们的知识结构。我们这一代的知识，尤其是自然科学，给我启发特别大。许多做生化的博士能做一辈子，其实 Ta 也不知道要证明什么，给"老板"把实验结果做出来，交了就行了。人文学科也在慢慢变成这样，问题越来越细，最后你都不需要一个整体观。今天的全球化和网络媒介，使得我们过去认为的亚里士多德式、柏拉图式的知识变成了一种集体智慧。这个集体智慧不是三个臭皮匠那样，而是散落在虚拟空间和世界各个地方的博士硕士学者们，通过有意无意的合作，抵达前人可能达不到的智慧的高度。

02 / 80年代是整个中国的空档期

张之琪： 许纪霖有一篇回溯中国80年代到90年代知识分子的文章。他讲到90年代很多知识分子进入了体制内，另外一些没有进入学院的人变成了所谓"媒体知识分子"，他认为这个趋势是伴随着整个文化产业的兴起而兴起的。我想这跟当时都市报、市场化媒体的兴起很有关系，那时给媒体供稿是一种收入比较高、相对来说比较好的生活方式，很多人被吸纳到了这个体系里面。许纪霖对他们有一个批判的视角，他认为一旦跟商业体系发生关系，你就没有办法保持纯粹性了。仿佛80年代的时候大家都是左拉意义上的知识分子，但是后来一部分人依附了国家的体制、学院的体制，另一部分人依附于市场这种商业体制，所以他认为其中有一个不断分裂和失落的过程。王炎老师对这种所谓媒体知识分子有了解吗？

王炎： 首先我想先回应，这样的一个纯真年代是否真的存在过。中国的体制跟19世纪的法国确实很不一样，左拉是个小说家，他可以通过稿费挣到收入，而且是相当不错的收入，而80年代之前中国的知识分子都是些什么人呢？北大中文系编文学史的基本都是工农兵学员，还有"支左"的解放军，大家一起编马克思主义的文学史，现代文学史、古代文学史，都是马克思主义视角。除了编教材之外，写东西不多，也没地方发，那时候杂志极少，人们也不敢发。到80年代，啪的一下，这个传统断了。从80年代到90年代中间这十年，思想比较自由，过去那套官僚体制和政治意识形态不再有效，新的东西要到90年代才到来，中间正好是空档，这空档期其实给了人们无限的空间。它不只是知识分子的空档期，还是整个中国人民的空档期，全国人民都感受到巨大的自由、巨大的生命力和创造力。真是奇迹般的十年，文化、艺术、工业、农业等各个方面都有着巨大的创造，没有人不享受这十年的自由。

也正因为这样，以那十年为原型是不公正的。因为那是历史机遇的问题，是一个没法维持的状态。后来，大学要么按照苏联的模式来，国家出钱养你；要么按照西方的模式来，私立占很多，公立没几个，公立的运营方式也是市场化的。显然中国既没走苏联的模式，也没走西方的模式——中国都是教育部拨款，这是苏联的，但又没有完全变成苏联那样，按照最高指示和精神产出内容。于是知识分子有了不同的空间，你可以在学校里边教教课，你可以发表文章，同时你也可以到媒体讲讲，这个时候知识分子是空前自由的。

03 / 面向专业和面向公众的表达

王炎：至于媒体化的问题，这不是一个制度性的选择，而是个人的选择。制度上没法说大家都不许去或者大家都要去，这是荒唐的。每个人也都正在根据自己的个性和不同的思维方式做出选择。有的人选择做专业知识——这里的"专业知识"完全没有贬义。学术研究需要专业，如果天天把大量时间放在非专业问题上，除非天才，一般人做不深；还有些人愿意对公众发言，Ta 对社会有特别大的感召力，你非让 Ta 做特偏的东西，Ta 也不会有太多新发现。我觉得人各有长，这是个人选择。从 80 年代到 90 年代再到今天，中国一个最大的成就就是多元化——无论哪个行业，无论是谁，选择都变得特别多。

傅适野：这里面涉及学术圈或者体制内的话语霸权问题。朱苏力有一篇文章叫《公共知识分子的社会建构》，里面举了何清涟做例子，认为她是因为专业不行，研究搞不下去才出来当公知，其中充斥着一种对公知的污名化和鄙视链。这背后隐藏的是一种对于话语权的垄断。有一种观点认为，出了学院就不要再当二道贩子、学术掮客，就不要再用学院里学到的话语来分析和解释世界。但为什么只有继续待在学院里的人才拥有这个话语权呢？这背后也是一种霸权，以及居高临下的傲慢。

王炎：我觉得首先是狭隘。从60年代到今天，有大批知识分子活跃在公共领域。哈贝马斯60年代参加学运，他的现实关注是学院内外通吃的，基本上属于两边都能做好。福柯也是这样，他是很公共的一个人物，他的专著特别深，他的演讲极有启发力，这是才气。

做专业可以做得非常迂腐，这样的人太多了。在小专业杂志上发那些百年不变的研究课题，然后申请项目。申请项目也是这样，你得知道这些评委年纪也大了，喜欢的都是一些旧话题，你做的东西得让他们熟悉，投其所好，大项目才容易中，这些东西也可以做一辈子。教教课，做做项目，出出专业书，这是一辈子。但是也有另外不同的一辈子。无论你的专业是什么，至少你知道我跟世界发生了不同寻常的关系，这个世界需要我。这是最基本的。我觉得不一定是做学术，做什么都是这样。

张之琪：我们之前跟罗新老师聊天时聊到他的书《从大都到上都：在古道上重新发现中国》。这本书是一个旅行文学的结构，但是里面经常写到很细微的考据，对于外行的读者来说，那个部分可能要跳过去。我们问他为什么这本书要这么写，他说他写的时候很矛盾，因为一方面他要写给公众看，一方面要写给他的同行看，他希望公众能够觉得这是一本有意思的书，一方面他又希望同行也能认可。王炎老师有没有这种心态?

王炎：首先，这个心态我完全能共情。另外，做专业不是没有意义的，一个人做的东西没有其他人要看，只有这个行当里的人看，这个也很重要。因为学术必须推进，不能永远在平面上走，学术不可能靠大众都喜欢来发展。所以从某种意义上说，人文也是科学，是科学的一种，它在问题上是可推进的。但是它和八股不是一个东西，和向权力机构上交租子不是一回事儿。有创造力的东西确实可能跟大众无关，但是你写的时候有很清晰的意识，你可能知道你的读者是谁、我要改变他们什么、我要说服他们什么、我要让他们接受什么。

为什么有意义？因为很专的东西在不同的人手中可能就会变成另外一套话语，它可能会从顶往下扩散。好的思想都是这样。康德写《纯粹理性批判》的时候读者就说，我的十个手指头不够用，因为我摁不住这些从句，最后他不得不写一个《未来形而上学导论》作为简写本。但事实证明《纯粹理性批判》极其重要，它给人文学科建立了一个基本的分科方式，当然它的意义远比这个大得多。所以，有些很专的东西，你在当时是无法知道它的意义的。并不是说大家都应该面向社会发言，但鄙视是很可笑的，因为不是你不向社会发言你就能把东西做深，这需要天分，各行都需要天分，做不成就是做不成，累死也做不成，没办法。

04 / 民主是我们都心平气和地做普通人

张之琪： 王炎老师讲的一点挺有意思，就是一个学科内部很精专的知识通过层层稀释，变成了大众可以接受的知识，这并不是说学者本人一定要对公共话题发声，而是说其中有一个不断交互和渗透的过程。我觉得反之也一样，我很喜欢看克拉考尔在媒体上发表的特别短的文章，喜欢看他写魏玛时期德国中产阶级的生活片段。这些文章特别有启发性，它不是学术论述，看的时候甚至都不觉得那是多么有思想性的东西，但它就是非常敏锐地捕捉到了当时社会的状况。可能后来有人真的把它做成了历史研究或社会学研究，但是他在那个时代做第一手的记录其实很重要。我觉得可能现在学院之外的人也可以做这样的工作，它跟学术生产的速度和方式是不一样的，但是它可以先把这些东西浅浅地捕捉到，并记录下来。

王炎： 不浅。我举另外一个跟克拉考尔很相似的例子，就是巴赞。巴赞写了大量的文章，长短都有，你说是影评也不是影评，感悟也不是感悟。后人把它们集成一个册子叫《电影是什么？》（*What is* *cinema？*），任何做电影学的人都得承认，这本书是电影学的圣经，是爱森斯坦的《电影与形式》之外，另一本对电影学有奠基性作用的著作。巴赞写的时候根本就没想过专著，他就是看到一部电影特激动，写完在报纸上一发，也没想把它们合在一起。但要真想对电影有深刻的理解，你还得读这本书。

傅适野： 反过来说，像巴赞、克拉考尔、本雅明这样的人，虽然没有走学术道路，但即便他们去学院里也是好学者，他们不管做什么都是敏锐的。然而我们这个时代已经没有办法产生大家了。

王炎： 我觉得这是知识的民主。知识的民主是什么？就是大家有不同的选择，这个选择不应该由制度和机构来决定。我们这个世界中应该有更多的空间给本雅明、给克拉考尔、给巴赞。今天这样的人可以施展才能的路径更多，有各种各样的媒体，这些媒体为有创造力的人提供了能量释放的空间。民主不是大家崇拜大人物的时代，民主是我们都心平气和地做普通人，这才是真正意义的民主。这个时代中，大家只是不同的角色，而不是说你在人格上高于别人。这是好社会，这是新世界。

Make Love, Not War

嘉宾：汪民安

清华大学人文学院教授

在《性的湮灭》那次聊天中，我们对电影《色，戒》的讨论引发了很多听众的共鸣。这样一个女性主义文本，打破了家国叙事中对女间谍"身心分离"的设定，王佳芝对父权政治的背叛，是通过爱上一个"不该爱"的人完成的，而这种背叛恰恰是她对自己女性主体性的忠诚。她在这段禁忌之爱中短暂地获得了作为人的自由。

在《论爱欲》的最后一章"奇遇"中，汪民安老师也谈到了《色，戒》，在他看来，王佳芝对易先生的爱，正是"奇遇之爱"的范例。这种爱摧毁了任何的习惯编码和体制框架，总是充满风险，不仅是爱的革命，也是文化的革命。它创造了一种新的关系，一个新的自我，敢于冒险的爱情发明家们在不可能中找到了可能性。

"奇遇之爱"是这段关于爱欲的思想之旅的最后一站。在书中，我们从古希腊的"真理之爱"出发，穿越基督教的"神圣之爱"、文艺复兴的"尘世之爱"，进入现代，又经过了作为承认的爱、作为事件的爱，最终，爱在奇遇中展开了面向未来和未知的无限潜能。爱的动因，从对死亡的超克与逃避，变为对人性和自由的实现。

在这次与汪民安老师的聊天中我们发现，关于爱的理论探讨同样包含着丰富的现实面向。现实中充满控制和暴力的亲密关系背后，是一种以占有为核心的爱的观念在起作用；而对爱情从一而终的强调，反而容易让爱陷入某种结构性的权力宰制之中，爱的永恒也可能是爱的灾难，因此时刻需要为爱松绑。

在历史断裂的边缘谈论爱或许是一种奢侈，但正如黑格尔所预言的，爱作为一种终极的互相承认，会终结战争，终结一切权力关系，导向平等与和平。在聊天中，我们对这样的美好愿景感到迟疑，但回到现实，它似乎又是挽救人类的唯一希望。

01 / 爱的问答：爱可以创造出一个全新的自己

**爱和性是可以分开的吗？**

汪民安：当然是可以分离的，不过《论爱欲》整本书讲的都是爱欲，爱欲就意味着爱和性是结合在一起的某种东西，不能分开。与欲望分开的爱，或者一种纯粹的根除欲望的爱，最典型是上帝之爱。

**爱是否一定指向一个外在的对象？**

汪民安：在一般情况下应该是这样的。爱是一种关系。爱是对欲望的欲望。爱不仅仅需要一个外在的对象，还必须是外在的精神对象。你会爱一件商品，甚至会爱一棵树，爱一朵花，这都是爱，但我们谈论的这种人和人之间的爱，你爱的一定是同样能产生欲望的对象。

不仅仅是爱需要一个客体、需要一个对象，人之所以为人，都需要一个他者，如果没有他者，就很难在完全孤独的封闭的状态下成长为一个意识主体。所以拉康讲，婴儿一定要有一个镜像，Ta 通过镜像中的误认的他者获得自我意识。黑格尔也说，一个欲望只有针对另一个欲望，或者说欲望着其他欲望的时候，才会从动物变成人。

爱一定要占有吗？

汪民安：不一定。列维纳斯就认为，爱不是占有，占有的都不是爱。他认为爱应该是无私的，彼此把自己毫无遮掩地呈现给对方，爱一个人就应该是对对方被动的呈现。你在爱对方的时候，不仅不是占有他者，甚至要小心翼翼一切以他者为主导，对方快乐了我才快乐。爱是对于被动性的感同身受。

如果说世上存在一种完美的爱或理想的爱，列维纳斯这种爱就应该是的。列维纳斯的哲学特别强调他者优先，他认为伦理学是第一哲学，自我和他人的关系是哲学最需要考虑的问题。那么自我和他者应该是怎样一种关系？是一切以他者优先，以他者为主导，他人的快乐比我的快乐更重要，我因他人的快乐而快乐。

我们讲了太多所谓占有性的个人主义，拉康就认为爱从根本上来说就是占有性的利己主义，实际上，利己主义是从亚当·斯密开始的，他认为一切应该从自己的利益和欲望出发，满足了自己的利益和欲望当然也可以顺带地让别人的利益和欲望也得到满足。个人自我是优先性的，自由主义传统很大程度上正建立在这种个人主义的基础之上。列维纳斯实际上是对自由主义的个人主义的一种反驳，在他这里，他者是优先性的，他者的欲望和利益先满足了我才满足，这是对亚当·斯密的颠倒。这也是列维纳斯最近二三十年来在哲学界的地位和影响越来越大的原因之一,我们已经很长时间没有列维纳斯这样的声音了,个人主义的自由主义已经统治了太久。

实际上,我们所说的亲密关系中的控制也好、权力结构也好,之所以能够发生,是因为一种以占有性的个人主义为核心的观念在主导。占有实际上是把人物化了,物才可以被占有。如果没有这种占有性的个人主义,就不会出现亲密关系中的精神控制或我们今天常说的PUA、暴力等。家庭暴力之所以出现,最核心的问题在于男性觉得妻子应该是他的占有物,孩子也是他的占有物。

爱在于瞬间还是永恒?

汪民安: 斯宾诺莎认为,人和人的情感是一种关系样式。所谓关系样式,意味着这种关系是可变的、灵活的、流动的,它并不能也不应该被某种权力模式完全固定下来。

古典的爱情观念特别强调永恒,但斯宾诺莎说爱是多变的,所谓海枯石烂的爱或者爱的永恒性恰恰是爱的灾难。我们要时刻为爱的松绑提供某种出口或某种可能性。一旦强调爱的永恒性、强化它的固定性或不朽性,迟早会陷于某种结构性的控制,甚至某种权力的宰制当中。我在《论爱欲》里引用了蒙田的话:"当你爱一个人的时候,你要想到你有一天会恨他。当你恨一个人的时候,你要想到有一天会爱他。"人与人之间的关系一定是可变的,这是一种非常现代的爱情观。斯宾诺莎是一个现代人物。

爱是否有高低之分?

汪民安:苏格拉底把爱划分成不同阶梯,最低阶的是男女的身体之爱,比它高一级的是男同之爱,即一个成年的有知识的男人和一个求知的年轻男孩之间的同性之爱,这种爱意味着他们之间有一种知识的传递、真理的培养和灵魂的教化,最高阶的爱最后上升为一种纯粹的灵魂之爱,或者说真理之爱、知识之爱。这是一种非肉体的爱。从异性之爱到同性之爱再到知识之爱,爱是一步一步上升的。为什么上升?在柏拉图看来,爱越是远离身体欲望就越是高级。基督教接纳了这样一个观点,上帝之爱才是最高级的,因为上帝之爱就是贬斥肉体的。到文艺复兴时期,比如薄伽丘那里,身体之爱又恢复到它的应有地位。所以,爱的高低层级在不同的历史时期是不同的。

在中国有一个和柏拉图相反的顺序。我们看梁山伯和祝英台的故事,他们最初之所以能够结合,首先是因为爱知识——他们是同学,上学是出于爱知识。以对知识的爱为契机,梁山伯和祝英台达成了同性之爱,而在故事的最后,祝英台暴露身份,同性之爱又上升为了异性之爱,这恰恰是把苏格拉底的爱的阶梯颠倒过来了——知识在底层,同性在中间,异性之爱才是最高级的。这也体现出了中国传统社会的伦理序列,传宗接代具有最高的价值,它维持最基本的伦理结构。而且对于古代女性来说,知识被认为是不重要的。

爱有技巧可言吗?

汪民安：我在《论爱欲》里提到了薄伽丘的《爱情十三问》，还有罗马哲学家奥维德的《爱经》，这两部书全都在讲爱的技巧问题。马基雅维里也有一本非常有名的书叫《曼陀罗：五幕喜剧》，也在谈爱的技巧。技巧肯定是有用的，即便是一见钟情的林黛玉和贾宝玉，实际上也会用些技巧。但我们不能把技巧当成纯粹的中性手段，技巧还是在爱的驱力作用下发生的。技巧是和爱的激情和动力密切关联的。爱到什么程度，就会有哪个层面的技巧。

爱可以导向平等吗?

汪民安：真正的爱，毫无疑问，自然结果就是平等。如果爱里充满着权力关系、控制和等级，它就不能算是严格意义上的爱。爱从根本上应该是通向自由的。

爱追求的是同一还是差异?

汪民安：绝对的同一性在现实中是很难实现的。黑格尔认为爱应该实现同一性，他认为，两个人相爱就应该各自否定自身的特异性和差异性而达成同一性——这跟黑格尔的哲学有关，他强调否定性哲学，只有通过否定才能达到肯定。黑格尔实际上是把他的否定哲学用爱的实践表达出来，这是镶嵌在他的整个哲学框架之中的，而不是把爱作为一个单独的话题来讨论。

如果我们就谈爱本身，爱如果要持续下去并真正导向平等的话，它是应该保留差异性的，巴迪欧特别强调这一点，爱是保持各自差异性的爱——不过，我更愿意说理想的爱的关系是一种协调和默契的关系，在这种关系中，既有同一性的一面，也有差异性的一面。当差异性过大的时候应该协调，而达到同一的时候就是一种默契。

爱是一种创造吗？爱能创造什么？

汪民安：爱应该是发明一种关系，创造一种关系，而且是创造一种全新的关系，一种你想象不到的关系。和一个理想的爱人在一起，你们会有各种各样你自己以前从来没法想象的实践，这才是爱有意思的地方。

我在《论爱欲》中引用了罗马尼亚诗人盖拉西姆·卢卡的《爱情发明家》，他写道，"这就是我挚爱的恋人，永远在生成，一直被发明。"在爱情中，两个人不仅可以发明出一种全新的关系，还可以在这个关系中发明出一个全新的自己。

爱可以创造出一种新的政治、一个全新的世界吗？

汪民安：我不是很肯定。我在这方面是一个现实主义者，也可以说是个悲观主义者。人类可见的几千年历史，似乎并没有出现一个新的政治。人们一直在战斗，有时候是为了生存而战斗，有时是黑格尔讲的在为承认而战斗。不过，黑格尔说，作为一种彼此的承认，爱可以创造出一个新的世界来,这个世界当中没有战争,只有和平,只有艺术,只有爱,这是黑格尔的理想,如果彼此都承认,那就是战斗的终结,也就是所谓"历史的终结",以爱与和平主导的历史的最终状态。但实际上,显而易见,我们的历史没有终结,历史也不可能终结。

爱很难创造出一个全新的世界来,但是可以创造出一个全新的自我。这是在你无能为力的世界中唯一有希望的地方,你可能创造不出别的东西了,但你可以创造出自己的生活。

02 / 思考友谊：是朝夕相伴还是保持距离？

张之琪：《论爱欲》这本书最后还有附录，收录了一篇《论友谊》。您在其中讨论了两种关于友谊的观念，一种认为朋友就是要朝夕相处，另一种认为越是好朋友越要保持距离。这两种模式是可以兼得的吗？比如我们三个，既是经常见面、一起工作的朋友，同时也通过阅读彼此的写作来了解对方，而后者这部分我们鲜少拿到现实场景下去讨论，类似于布朗肖所说的"沉默"。因此我们似乎既是朝夕相伴的朋友，也有所谓"知识友谊"。

汪民安：认为友谊是一种朝夕相伴的关系，朋友就是要在一起，这种观点是从亚里士多德开始的，此后主宰了欧洲很多年，一直到17世纪的培根，他们还是强调友谊就是要共同生活。罗兰·巴特在法兰西学院的讲座里也专门强调了共同生活的重要性，如果没有共同生活就谈不上友谊。

只有布朗肖认为，友谊要保持距离。布朗肖是一个非常奇怪的人，可以说他是一个"隐士"，他就住在巴黎，但他和任何人都不见面,好像只有德里达有机会去拜访他。福柯最崇拜的人就是布朗肖,在20世纪50年代福柯的理想就是成为布朗肖,他在很多文章和公开场合都表达了对布朗肖毫无保留的颂扬。但当他们共同的朋友提出要带福柯和布朗肖一起吃饭的时候,福柯拒绝了。这是他们之间的默契——我非常喜欢你,我觉得你是最好的作家,但是我不见你。布朗肖也是一样,他认为福柯是他的朋友,是他智识上的朋友,但他从没真正见过福柯,二人只在巴黎街头有过一次偶遇,不过,福柯根本不知道那个人是布朗肖。只是在福柯去世了之后,他才在一篇悼念文章里称福柯是他的朋友,他说,"朋友啊,世上是没有朋友的"。这是希腊哲人的一句著名但又充满悖论的断语,但布朗肖用在这里恰如其分:福柯是我的朋友,但世界上已经没有福柯这个朋友了。福柯听不到我称他为朋友了,也正因此,现在我可以称他为朋友。

张之琪:我最近在读刚刚出版的《本雅明传》,书中谈到了本雅明对于友谊的态度,作者写道,"特奥多尔·W.阿多诺……曾评价,他这位朋友(指本雅明)是'很少亮出底牌'的人,而这种深深的保留,借由面具和其他周旋策略所组成的武器库,用于守护内在生活的深井。于是就有了所有人都提到的他的极度礼貌——这归根结底是一种保持距离的复杂机制。于是就有了他的思想生活中每个阶段所表现出的成熟持重,这种沉重感让他在闲谈中也会说出神谕似的话来。于是就有了他声明过的'政策':要竭力避免和友人过多的接触,最好把每个个人和群体都保持为他的思想的参谋。"[1] 他讲的这种"思想上的参谋",和布朗肖所说的"知识友谊"性质非常接近。

冷建国:在《论友谊》里面,您也提到了友谊和死亡之间的关系:有人认为友人去世之后,我也没有必要活着了;另一种观点是友人的生命可以通过我的生命延续下去;还有一种就是布朗肖这种,认为友谊超越了生死,活着的时候我们可以不见面,死了之后我反而可以称呼你为朋友。您是如何面对友人离去的现实或这种可能性的?

汪民安:人和人的关系总会面临终止的问题,因为两个人之间总有一个要先走,走了后,这种关系——哪怕最为要好最为特殊——就终结了。后走的人可以说自己是幸存的人,自己处于失去之中,哀悼和忧郁就会降临到幸存者身上。

弗洛伊德专门讨论过这个问题,失去会自然而然地引发幸存者的哀悼。哀悼实际上是一种心理机制,不断的有时甚至是长久的哀悼工作,才能让自己恢复正常。哀悼成功了,才能摆脱失去可能导致的忧郁。如果哀悼不成功,忧郁就会常态化。所以哀悼是一个心理调节的过程。当然,哀悼成功了,也可以从另一个方面说是对逝者的不忠……这是一个两难。但是,大多数人,包括我在内,最后还是希望哀悼早点成功吧,毕竟一切都会逝去的。

张之琪:如果爱情不能创造出一个新的世界,友谊可以吗?

---

[1]霍华德·艾兰、迈克尔·詹宁斯:《本雅明传》,王璞译,上海文艺出版社2022年版,第5页。

汪民安：古典意义上的友谊一定存在于有德行的人之间，它是一个高贵的概念，不是我们通常说的酒肉朋友。亚里士多德谈论这种友谊的目的，最终还是试图建立一个理想的城邦。理想的城邦，最核心的要素就是建立一个有爱的共同体。友谊在这个意义上，不单纯是私人友谊，它还要升华为一种政治。友谊可以把整个城邦贯穿起来，它可以在一个共同体内部不断传递，但爱情只是两个人之间的事情。如果全世界的人都充满友爱就不会有战争，显然，两个人之间的爱情对战争无能为力。

张之琪：如果要从书中提到的所有哲学家中，选一个人做爱人，您会选谁？选一个做朋友，您又会选谁？

汪民安：要是找一个爱人的话，也许是列维那斯吧。他那里有一种令人动容的罕见的品质——正是因为这些品质在今天已经丧失殆尽，他才尤其令人向往。做朋友的话，我想我会选苏格拉底。他非常有意思。对真理的永恒追问既是他的生活目标，也是他的生活实践。可以说，哲学的目标和生活的实践在他这里融为一体了。这跟现代哲学家非常不一样，对于现代哲学家来说，生活实践和真理探讨是分离的，当我们停止探讨真理的时候，我们就回到了日常的和多数人类似的生活状态。如果有苏格拉底这样的朋友，你就会一直活在对真理的无尽探讨中，那是一件美妙至极的事情。

参考文献

著作类

奥维德：《爱经全书》，曹元勇译，上海三联书店，2005 年

薄伽丘：《爱情十三问 爱的摧残：薄伽丘作品二种》，肖聿译，中国社会科学出版社，2003 年

陈丹青：《局部：陌生的经验》，北京日报出版社，2020 年

《局部：伟大的工匠》，北京日报出版社，2020 年

大卫·霍克尼、马丁·盖福德：《春天终将来临：大卫·霍克尼在诺曼底》，胡雅婷、杨素瑶译，浙江人民美术出版社，2022 年

弗朗茨·罗森茨维格：《救赎之星》，孙增霖、傅有德译，山东大学出版社，2013 年

弗朗西斯·福山：《历史的终结及最后之人》，黄胜强、许铭原译，中国社会科学出版社，2003 年

盖拉西姆·卢卡：《爱情发明家》，尉光吉译，广西人民出版社，2021 年

格肖姆·肖勒姆：《本雅明：一个友谊的故事》，朱刘华译，上海译文出版社，2009 年

葛兆光：《宅兹中国：重建有关"中国"的历史论述》，中华书局，2011 年

汉娜·阿伦特编：《启迪：本雅明文选》，张旭东、王斑译，生活·读书·新知三联书店，2008 年

黄心村：《缘起香港：张爱玲的异乡和世界》，香港中文大学出版社，2022 年

霍华德·艾兰、迈克尔·詹宁斯：《本雅明传》，王璞译，上海文艺出版社，

2022年

康德：《纯粹理性批判》，邓晓芒译，杨祖陶校，人民出版社，2017年

《未来形而上学导论》，李秋零译，中国人民大学出版社，2013年

李欧梵：《上海摩登：一种新都市文化在中国（1930—1945）》，毛尖译，北京大学出版社，2001年

Lisa Fittko, *Mein Weg über die Pyrenäen: Rrinnerungen 1940/41.* DTV Verlagsgesellschaft mbH & Co.KG. 1941

（丽莎·菲特寇：《老本雅明的故事》）

林棹：《潮汐图》，上海文艺出版社，2022年

路翎：《财主底儿女们》，重庆希望出版社，1945年、1948年

罗新：《从大都到上都：在古道上重新发现中国》，新星出版社，2017年

《漫长的余生：一个北魏宫女和她的时代》，北京日报出版社，2022年

马克梦：《天女临凡：从宋到清的后宫生活与帝国政事》，辛兆坤译，九州出版社，2021年

迈克尔·陶西格：《本雅明之墓：一场人类学写作实验》，王菁译，北京大学出版社，2023年

美国《巴黎评论》编辑部编：《巴黎评论·女性作家访谈》，肖海生等译，人民文学出版社，2021年

孟悦、戴锦华：《浮出历史地表：现代妇女文学研究》，河南人民出版社，1989年

尼科洛·马基雅维里：《曼陀罗：五幕喜剧》，徐卫翔译，上海人民出版社，2003年

钱锺书：《管锥编》，中华书局，1979年

孙歌：《求错集》，生活·读书·新知三联书店，2003年

《绝望与希望之外：鲁迅〈野草〉细读》，生活·读书·新知三联书店，2006年

《主体弥散的空间：亚洲论述之两难》，江苏教育出版社，2007年

（再版书名为《遭遇他者：跨文化的困境与希望》，北京联合出版公司，2020年）

《寻找亚洲：创造另一种认识世界的方式》，贵州人民出版社，2019 年

《从那霸到上海：在临界状态中生活》，北京联合出版公司，2020 年

索尔仁尼琴：《古拉格群岛》，田大畏等译，群众出版社，1982 年

田晓菲：《神游：早期中古时代与十九世纪中国的行旅写作》，生活·读书·新知三联书店，2015 年

田余庆：《拓跋史探》，生活·读书·新知三联书店，2003 年

瓦尔特·本雅明：《机械复制时代的艺术作品》，王才勇译，浙江摄影出版社，1993 年

《本雅明文选》，陈永国、马海良编，中国社会科学出版社，1999 年

《莫斯科日记·柏林纪事》，潘小松译，东方出版社，2001 年

《发达资本主义时代的抒情诗人》，张旭东、魏文生译，生活·读书·新知三联书店，2004 年

《柏林童年》，王涌译，南京大学出版社，2010 年

《作为生产者的作者》，王炳钧、陈永国、郭军、蒋洪生译，河南大学出版社，2014 年

《单向街》，陶林译，江苏凤凰文艺出版社，2015 年

汪民安：《论爱欲》，南京大学出版社，2022 年

王德威：《众声喧哗以后：点评当代中文小说》，麦田出版，2001 年

王德威主编：《哈佛新编中国现代文学史》，张治等译，四川人民出版社，2022 年

巫鸿：《重屏：中国绘画中的媒材与再现》，文丹译，黄小峰校，上海人民出版社，2010 年

《黄泉下的美术：宏观中国古代墓葬》，施杰译，生活·读书·新知三联书店，2010 年

《废墟的故事：中国美术和视觉文化中的"在场"与"缺席"》，肖铁译，上海人民出版社，2012 年

《全球景观中的中国古代艺术》，生活·读书·新知三联书店，2017 年

《物·画·影：穿衣镜全球小史》，上海人民出版社，2021 年

《豹迹：与记忆有关》，上海三联书店，2022 年

《空间的敦煌：走近莫高窟》，生活·读书·新知三联书店，2022 年

吴明益：《复眼人》，新星出版社，2013 年

伍尔夫：《一间自己的屋子》，王还译，沈阳出版社，1999 年

杨潇：《重走：在公路、河流和驿道上寻找西南联大》，上海文艺出版社，2021 年

伊里亚·爱伦堡：《人·岁月·生活》，冯南江译，人民文学出版社，1979 年

约翰·伯格：《毕加索的成败》，连德诚译，广西师范大学出版社，2007 年

张爱玲：《传奇（增订本）》，山河图书公司，1946 年

《红楼梦魇》，皇冠文化，1977 年

《惘然记》，皇冠文化，1983 年

《小团圆》，皇冠文化，2009 年

《异乡记》，北京十月文艺出版社，2010 年

《易经》，赵丕慧译，皇冠文化，2010 年

《雷峰塔》，赵丕慧译，皇冠文化，2010 年

《少帅》，郑远涛译，皇冠文化，2014 年

论文及文章类

伏尔泰：《伦敦股票交易市场》

傅适野：《本雅明诞辰 125 周年：童年、恋物癖和流亡》，界面文化，2017 年 7 月 15 日

《黄心村、苏枕书："调整焦距"，重新发现张爱玲》，《不激不随》，2023 年 2 月 23 日

汉娜·阿伦特：《导言 瓦尔特·本雅明：1892—1940》，见汉娜·阿伦特编《启迪：本雅明文选》，张旭东、王斑译，生活·读书·新知三联书店，2008 年

李零：《读网有感——学校不是养鸡场》，《书城》，2003 年第 7 期

《梁永安、林白、刘铮、罗翔、王德威：说故事是启动文明的开端》，理想国 imaginist，2022 年 7 月 25 日

苏珊·桑塔格：《在土星的标志下》，见《在土星的标志下》（苏珊·桑塔格

文集),姚君伟译,上海译文出版社,2006年

孙歌:《理想家的黄昏》,《读书》,1999年第3期

瓦尔特·本雅明:《拱廊计划》,见《作为生产者的作者》,王炳钧、陈永国、郭军、蒋洪生译,河南大学出版社,2014年

瓦尔特·本雅明:《历史哲学论纲》

汪晖:《当代中国的思想状况与现代性问题》,《天涯》,1997年第5期

王德威:《写在南方之南:潮汐、板块、走廊、风土》,《南方文坛》,2023年第1期

王炎:《网络技术重构人文知识》,《读书》,2020年第1期

《性的湮灭》,《随机波动》,2022年7月6日

许纪霖:《知识分子死亡了吗》,《文化中国》,2000年第6期

《从特殊走向普遍:专业化时代的公共知识分子如何可能?》,见许纪霖编:《公共性与公共知识分子》,江苏人民出版社,2003年

许纪霖、刘擎、白彤东、吴冠军:《谁无法呼吸?——美国反种族主义抗议运动的观察与思考》,华东师范大学ECNU-UBC现代中国与世界联合研究中心组织,2020年6月22日

朱苏力:《公共知识分子的社会建构》,《社会学研究》,2003年第2期

左拉:《我控诉》,《晨曦报》,1898年1月14日

影视、纪录片及其他

《悲情城市》(1989)

《蝉冠菩萨像》(东魏至北齐时期石制佛像)

《大红灯笼高高挂》(1991)

《第一炉香》(2020)

《韩熙载夜宴图》(顾闳中绘画)

《后宫·甄嬛传》(2011)

《黄河颂》(陈逸飞油画)

《局部》(2015、2018、2020)

《洛神赋》(顾恺之绘画)

《米歇尔·福柯》(2016)

《芈月传》(2015)

《倩女幽魂》(1987、1990、1991)

《清明上河图》

《色,戒》(2007)

《山河故人》(2015)

《线条的盛宴:山西北朝墓室壁画巡礼》(2020)

《小姜》(冷军画作)

《卸下圣体》(魏登画作)

《胭脂扣》(1987)

《延禧攻略》(2018)

《长江万里图》

索引

"3·11"大地震 158

A

阿比·瓦尔堡 36
阿多诺 40–41, 44–45, 269
阿尔弗雷德·德雷福斯 215
阿甘本 150
阿兰·巴迪欧 223, 238
埃莱娜·费兰特 88, 206
《爱经》265
《爱情发明家》265
《爱情十三问》(薄伽丘) 265
爱因斯坦 247
安迪·沃霍尔 118
安塞尔姆·基弗 118
奥维德 265

B

巴解(巴勒斯坦解放组织)225
《巴黎评论·女性作家访谈》179
巴赞 255–256
白桦派 185
"百万雄师" 223

宝珀理想国文学奖 123, 125, 128, 132, 150
保罗·克利 37
《豹迹：与记忆有关》81, 83–91, 94
《悲情城市》136
北京奥运会 233–234
北魏道武帝 201
北魏文成帝 202
北魏孝明帝 194
北魏孝文帝 195, 202–204
北魏宣武帝 194
本雅明 11, 29–47, 86, 138, 256, 269
　巴黎拱廊研究计划 36, 41
　辩证意象 42
　本雅明之墓 33–34
　"光晕" 32–33, 41
　恋物癖 37–38
　碎片与总体 38–39
　漫游者 40–44
　与阿多诺 40–41, 43, 44
　与阿西娅·拉西斯（Asja Lācis）44
　与布莱希特 44
　与汉娜·阿伦特 40, 43, 46
　与神秘主义 32

《本雅明传》85, 269–270
《本雅明之墓》33–34
俾斯麦 183
毕加索 116, 117–118
编年纪事本末传统 137
辩证法 228, 232
波德莱尔 41, 45
波兰斯基 215
波普艺术 118
薄伽丘 264, 265
柏拉图 247, 264
勃列日涅夫 227
"布拉格之春" 227
布朗肖 268–269, 270

C

《财主底儿女们》127
曹雪芹 73
《蝉冠菩萨》91, 92, 95
超级现实主义/照相现实主义 41, 65
《潮汐图》132
陈丹青 65, 99–119
陈嘉映 114
陈培浩 132
陈逸飞 111
陈寅恪 123, 124, 146
陈子龙 146
《晨曦报》/《震旦报》217
冲绳 155–176
崇高体验（sublime）90
《重走：在公路、河流和驿道上寻找西南联大》54
"川粉" 233, 238
《传奇》（增订本）9–10

《春秋》137
《春天终将来临：大卫·霍克尼在诺曼底》117
《纯粹理性批判》253
《从大都到上都：在古道上重新发现中国》252
《从那霸到上海：在临界状态中生活》158, 180, 186
崔健 136, 144

D

达·芬奇 107
《大红灯笼高高挂》（1991）28
大卫·霍克尼 102, 117
大卫·理斯曼（David Riesman）184
戴高乐 224, 225, 226
戴锦华 17
丹妮尔·塔达科夫斯基（Danielle Tartakowsky）224
《单向街》39
《当代中国的思想状况与现代性问题》（汪晖）231
"德雷福斯案件" 213, 215, 217
德里达 47, 268
"地下气象员" 225
《第一炉香》（小说）9–10, 22–23
邓小平南方讲话 230
帝国秩序 9
《第一炉香》9–10, 22–23
《电影是什么？》254–255
《电影与形式》（爱森斯坦）256
东北文学 133
东北亚 170
豆瓣 251

《读书》杂志 229, 247
《读网有感——学校不是养鸡场》（李零）246
敦煌石窟 65, 95, 113

E

EDIBQ 149
二月革命 220
"二战" 118, 159, 173

F

《发达资本主义时代的抒情诗人》46, 48
《发现北京：场地的记忆》96
法兰克福学派 40
法兰西第三共和国 217
法难 205
法西斯主义 41
梵高 110, 116–117
菲特寇（Fittko）34
《废墟的故事：中国美术和视觉文化中的"在场"与"缺席"》89, 90, 97
废墟美学 89, 91
冯太后 202–204
弗洛伊德 270
"弗洛伊德事件" 239
佛朗士 6–9, 14
《浮出历史地表：现代妇女文学研究》17
福岛核事故 157, 158, 160–161
福豪·古尔兰德 34
福柯 36, 45, 143, 245, 245, 247, 252, 269
福楼拜 216
福山 228, 236–237
"复兴党" 234
《复眼人》131

G

盖拉西姆·卢卡 266
感知 114, 115
高晓松 103
葛兰西 218, 225
葛薇龙 23
葛兆光 143
"工业党" 214, 233–236
《公共知识分子的社会建构》（朱苏力）251
"公民社会"（阿伦特）123, 124, 145–147
共产主义 226, 238
Google Gallery 64
古拉格 229
顾恺之 119
关锦鹏 10
《管锥编》139

H

哈贝马斯 251
哈伯特·诺曼自杀事件 159
哈佛大学 121, 123
哈佛大学出版社 136, 137
《哈佛新编中国现代文学史》123, 128, 136, 142, 150
哈日派 171
《海上花》（张爱玲）18
《韩熙载夜宴图》68
汉娜·阿伦特 33, 40, 44, 47, 123–124, 146–147
汉武帝 201
汉昭帝 201
何清涟 251
赫鲁晓夫 223, 227
黑豹党 225

黑格尔 39, 228, 236, 247, 260–261, 265–266, 266–267
"黑命攸关" 226, 237, 239
红宝书 221
红军派 225
《红楼梦》11, 16, 71–73
《红楼梦魇》 10, 18, 20
红色旅 225, 226
侯孝贤 136
《后宫·甄嬛传》(2011) 22
后现代理论 137, 226, 232, 246, 247
"后学"理论 134, 137
后意识形态 239
后殖民理论 173–175
后殖民派 232–233
后殖民主义 134
胡风 127
胡兰成 12, 25
华语文学／华语语系 123, 130, 147, 148, 149
皇冠出版社 18
《黄河颂》111
"黄马甲" 226, 238
《黄泉下的美术：宏观中国古代墓葬》101, 107, 108
黄心村 1–27, 144
霍金 55

J

《基督的血和玛利亚的泪》91, 93, 95
激进自由主义 214, 226, 228–229
贾宝玉 73, 265
贾樟柯 136, 144
贾政 73

架上绘画 69
"建制派" 236
结构主义 12
解冻文学 84
金庸 98
进步论 42
精神分析学 269
《救赎之星》（罗森茨威格）32
居里夫人 247
《局部》99, 101, 103–105, 107, 108, 112, 114–115
《决裂》(1973) 223
《绝望与希望之外：鲁迅〈野草〉细读》184, 187

K

卡夫卡 36
康德 39, 247, 253
克拉考尔 255–256
克孜尔石窟（新疆）88
《空间的敦煌：走近莫高窟》95
《空山灵雨》7
恐怖主义 225
垮掉的一代 234

L

拉康 261–262
赖雅 13, 18
《老本雅明的故事》35
"老三届" 96
冷军 64–65
冷战 228
礼器艺术 75
李安 25

李欧梵 8
李胜素 125
里斯本 33
《理想家的黄昏》174
理知 114, 115
《历史的终结及最后之人》228, 236
《历史哲学论纲》 39
历史终结论 42
丽莎·菲特寇（Lisa Fittko）34–35, 36
利己主义 262
联合赤军 225
"两个凡是" 228
列维纳斯 262–263
林彪叛逃 227
林黛玉 265
林登·约翰逊 227
林棹 132
刘宋政权 194
柳如是 146
《柳如是别传》146
"六八"遗产 211, 214, 224–227, 247
"六八运动"/"六八" 214, 224–227
"68风暴"/"五月风暴" 214, 224–227
卢卡奇 3, 37, 44
鲁迅 25, 144, 155, 174, 183–185
路翎 127
伦勃朗 64
《伦敦股票交易市场》（伏尔泰）219
《论〈再生缘〉》146
《论爱欲》259, 261, 263, 265, 266, 268
《论友谊》267
罗兰·巴特 267
罗森茨威格 32
罗新 189–210, 252

罗振宇（罗胖）103
洛克 230
《洛神赋》68
《落花生》7
略萨 12–13

M

马丁·盖福德 117
马华文学 130, 131
马基雅维里 264
马克思 219
马克思主义 44, 223, 250
马思纯 23
马王堆 94
玛雅 76
玛雅美术 70
迈克尔·陶西格（Michael Taussig）33–34
麦卡锡主义 159
《曼陀罗：五幕喜剧》265
《漫长的余生：一个北魏宫女和她的时代》 191, 194, 197, 199, 205
毛泽东 221–222, 227
#MeToo运动 148
美国轰炸中国驻南联盟大使馆事件 233
美国主义 238
蒙田 263
孟德斯鸠 230
孟悦 17
弥赛亚 237
《米歇尔·福柯》（2016）46
《芈月传》（2015）22
民族情感 155, 169
民族主义 155, 172–175, 214, 233–234

草根民族主义 234
　　国家民族主义 142
《莫斯科日记》44
没奚官 199
莫扎特 111
墓室壁画 101, 106
墓葬艺术 65, 75, 93, 101, 102, 107–109, 112

N

娜拉 23, 25
南北朝 194–196, 205–206
　　北朝 101, 107, 101, 109, 200, 205
　　南朝 191, 194
《南方文坛》132
南方写作/新南方写作 123, 129, 131–135
南京大屠杀 169
尼赫鲁 172, 173
农民工 231, 245
女性与宗教 205–206
女性主义 23–25, 172–175, 259

O

欧洲中心主义 148

P

培根 267
普遍性和个别性（孙歌）161–168
普鲁斯特 215, 218
《普鲁斯特的形象》46
PUA 263

Q

齐美尔 40

《启迪：本雅明文选》44
启蒙运动 219, 230
钱锺书 139, 143
《倩女幽魂》（1987、1990、1991）10
"青椒"（高校青年教师）243
《清明上河图》（张择端）77–78
《求错集》180, 183
取消文化（cancel culture）147–148
去中心化 244
《全球景观中的中国古代艺术》68, 74, 75
全球南方（global south）134, 144

R

Rap 125
《人·岁月·生活》（伊利亚·爱伦堡）84
儒学 167–168, 169

S

萨哈洛夫 229
萨林斯 34
SARS 158
萨特 36
萨义德（Edward Said）140
塞尚 118
《三体》98
《三详〈红楼梦〉》16
《色，戒》（电影）24–26, 259
《色，戒》（小说）24–26
《山河故人》136
山水艺术 75
山西博物院 101
《上海摩登：一种新都市文化在中国(1930—1945)》（李欧梵）8
《少帅》（张爱玲）18

社会主义 222, 226–231, 238
身份政治 234
《神游:早期中古时代与十九世纪中国的行旅写作》88, 206
沈昌文 229
沈从文 139, 143–144, 221
"失落的一代" 234
十月革命 220
《时间简史》55
"世界精神"(黑格尔)163
世界主义 7–9
市场经济 231
市民社会 229–230
"视盲" 63, 64
手卷 68–70, 75, 94
"说不派"/民族主义 233–234
司汤达 216
斯宾诺莎 263
斯大林 222, 229
斯黛拉·本森(Stella Benson)6–7, 9
宋淇 13, 15–16, 25, 27
宋以朗 25
苏格拉底 264, 271
苏珊·桑塔格 47
孙歌 153–187
索尔仁尼琴 229

T

"他者志向型的利己主义"(理斯曼)184
《拓跋史探》201
台湾文学 130
泰戈尔 179–180
泰康收藏展 64
汤唯 25

唐文华 127
《天女临凡:从宋到清的后宫生活与帝国政事》203
《天涯》杂志 231
田余庆 201
同火人 199
托尔斯泰 220
陀思妥耶夫斯基 220

W

瓦尔堡图书馆 36
丸山真男 183, 184
万隆会议 173
汪晖 231
汪民安 29–47, 257–271
王德威 127–151
王佳芝 259
王嘉尔 125, 126
王炎 211–256
王钟儿(慈庆)191, 194–199, 205
《网络技术重构人文知识》(王炎)247
网络民族志 57
维特根斯坦 36
《未来形而上学导论》253
《魏书》194
"文"与文学之关系 137–138, 145
"文化大革命"/"文革" 183, 214, 220, 222–223, 227, 230
文学史观 11
文艺复兴 69, 70, 259
《我控诉》215–216
"我一代"(me-generation)234
乌托邦 213, 236–237
巫鸿 49–98, 101–102, 106–108, 112, 113,

139
101基础美术史入门 69, 70
纪念碑 55, 59, 70–71, 89, 97
记忆写作 81, 83, 85–89, 92, 97
景观（view）/全球景观 74–76
历史与记忆 97
墓葬艺术研究 65, 75, 93
私人媒材 67
图像（image）观 60
"微叙事" 92–95
"小时间" 92–95
吴明益 131
五月风暴 220, 224, 226
伍尔夫 178, 179
"武汉七二〇事件" 223
《物·画·影：穿衣镜全球小史》51, 53–55, 58, 60, 71–72, 74, 76, 81
"物质性"（人类学概念）60, 107, 112

X

西西弗斯 157
希腊瓶画 70, 94
先锋诗人 46
《线条的盛宴——山西北朝墓室壁画巡礼》101, 106
香港文学 130
想象的共同体 142
"小粉红" 211, 214, 233–235
《小姜》64–65
《小团圆》15–19
孝文废皇后冯氏（小冯）203–204
孝文幽皇后冯氏（大冯）203–204
肖勒姆 32, 34, 38
《卸下圣体》（魏登）94–95

谢梦茜（《线条的盛宴》导演）108
新表现主义 118
新冠肺炎 3, 162, 225, 235
"新启蒙" 230
《新天使》37, 39
新左派 214, 228, 231, 233–237, 245
"星座图"（本雅明）138
《性的湮灭》24–25, 259
匈牙利事件 227
修正主义 222
徐克 10
徐显秀墓 107, 114
徐志摩 221
许鞍华 9–10, 22–23
许地山 6–9, 14
许纪霖 218, 249
许子东 26, 133
《寻找亚洲：创造另一种认识世界的方式》165, 168, 186

Y

亚当·斯密 262
亚里士多德式 247, 267
亚洲观念 165–166
亚洲问题 164–165
亚洲原理 162, 165–167, 177
《胭脂扣》（1987）10
《延禧攻略》（2018）22
杨庆祥 132
杨潇 54
"一带一路"倡议 163
《一间自己的屋子》178
《易经》（张爱玲）18
易先生 259

意大利湿壁画 101, 106, 112–113
《异乡记》 12–13
樱井大造 168
右派/保守派 216
YouTube 125, 193
于魁智 125, 126
余华 46
俞飞鸿 23
《缘起香港：张爱玲的异乡和世界》（黄心村）3–21, 144
约翰·斯图尔特·密尔 230
越南战争 169

Z

《再生缘》146
《遭遇他者：跨文化的困境与希望》162, 172, 186
《宅兹中国：重建有关"中国"的历史论述》143
"占领华尔街" 226, 238
张爱玲 1–27, 144–145
　　女性意识 24–25
　　uncanny 9–10
　　与半山殖民文化 10
　　与现代性 9–11, 18
　　作品的影视化改编 9–10, 22–24, 25–26
张旭东 45
《长江万里图》69
帐篷剧 168
郑苹如 25
政治光谱 233
知识分子 34–36, 54, 135, 145, 148, 149, 158, 172, 211, 213–230, 244–252
　　俄国知识分子与法国知识分子 221

公共知识分子/公知 213–216, 218, 230–236, 244–245, 247, 251
媒体知识分子 249
女性知识分子 156, 173
"特殊知识分子" 245
学院知识分子 149, 245
有机知识分子与传统知识分子（葛兰西）218–219
专业知识分子 246–247
"知识友谊" 267–268
殖民体系 6, 9
智识阶级（intellengentia）220
中国社会科学院 153
"中国套盒" 12–13
中国文学史 136–137, 142–143
中美建交 227
《众声喧哗以后：点评当代中文小说》147
《重屏：中国绘画中的媒材与再现》67, 69, 71, 72
周氏兄弟 221
竹林七贤 204
竹内好 174, 176, 182, 183
主权国家 144, 159, 162
《主体弥散的空间：亚洲论述之两难》162
《缀网劳蛛》7
"子贵母死"制度 200–202
自由派 214, 222, 228–232, 233–237
　　传统自由派 214
　　传统自由派与新左派的分野 228–234
　　极端自由派 222
　　自由派在中国 228–232, 232–237
《左传》137
左拉 215–221, 229, 246, 249
左派 229–230, 247

白左　236–237
　　泛左翼阵营　247
　　老左／国左　236
　　新左派　214, 228, 231, 233–237, 245
　　学院左派　233–234
　　自由左派　221
　　左派阵营　218, 231
左翼　173, 226, 228
《作为生产者的作者》37

"无论如何,她至少想这样作,当我看见她渐渐伸张出去作这种试验的时候,我看见……那些主教、副主教、博士、教授、校长、教书先生们全对她喊出种种劝告,警戒。你不能作这个,千万不要作那个!只有优等生和研究生可以在草地上走!女士们没有介绍信是不许进去的!……如果你停下来骂,你就完了,我对她说;如果停下来笑也一样。"

其实在我的学术生涯里,也一直面对着伍尔夫描述的这种场景。每当我遇到这样的问题,伍尔夫这段话都给我以力量。我是不会停下来笑的,但我有可能停下来骂。如果我停下来骂,我的时间和精力就花在了对抗上,而我们知道所有的对抗都受制于你要对抗的对象,自由是你不受制于任何前提。我觉得女性主义面对的最大困境也在于此,即如何突破一个实体性地被划分成男性和女性的世界。作为女性去进行实体性的抗争——这其实是一个陷阱。我觉得抗争这件事情没有错,但是远远不够;如果我们没有自由的创造,抗争就没有意义,而在很多情况下自由的创造本身就是最有力的抗争。

置身2024,当高校在我们眼中变成内卷、异化、控制、流水线的代名词,既消耗"青椒",也消耗学生时,我们恐怕很难想象,在上世纪80年代,高校曾经象征着自由、野生、激情与创造力。回溯这段历史,并不是缅怀曾经的纯真年代,正如王炎老师所说,这样的纯真年代是否真的存在过,以这十年空档期为原型是否公允,都需要打一个问号。回溯这段历史,也并非试图溯源,探究因果,为当下的诸多现象找到源头,做出诊断,对症下药。或许历史本就不是我们以为的线性的、不断向前的,或许历史本就是混沌的、无序的、不规则的周期性摆动。而一切归因的、后见之明的解释,都只是在不确定性中寻找确定性的渴望。

回溯这段历史,或许有助于我们勾勒一个谱系,找到一个坐标,看到什么问题在当下是重要的,什么问题已经失效,以及什么问题是我们无法解答但仍旧值得探讨的。在这次对谈中我们试图讨论,上世纪90年代高等教育的普及和学术研究的专业化如何改变了中国知识界的版图?学院的体制化和专业化造就了什么,又抹杀了什么?媒介的改变和互联网的崛起如何重塑了我们的知识结构?"整体"如何衰落,"碎片"和"局部"如何兴起?当话语霸权和中心消失,我们面对的将是一个怎样的世界?在知识日益民主化的时代,公共知识分子还存在吗,还发挥作用吗?以及,在一个去中心化的时代,大家为何又渴望"强人"的回归?